INVENTAIRE
V 13653
AF473024
V

PROSPECTUS
DE L'ÉTABLISSEMENT
DES ASSURANCES SUR LA VIE.

COMPAGNIE ROYALE D'ASSURANCES.

PROSPECTUS DE L'ÉTABLISSEMENT DES ASSURANCES SUR LA VIE.

A PARIS,
De l'Imprimerie de LOTTIN l'aîné, & LOTTIN de S.-Germain, Imprimeurs Ordinaires de la VILLE, rue S.-André-des-Arcs.

1788.

AVERTISSEMENT.

Le Prospectus que la Compagnie Royale des Assurances offre au Public, relativement aux Assurances sur Vie, passe les bornes ordinaires de ces sortes d'Ecrits. Mais si l'on veut bien faire attention que la matière des Assurances sur Vie est absolument neuve en France, on trouvera que ce Prospectus ne pouvoit être plus resserré, sans risquer de nuire au but qu'on s'y propose ; celui de donner des idées nettes du nouvel établissement de la Compagnie, & des avantages qu'il présente au Public.

PROSPECTUS

DE L'ÉTABLISSEMENT

DES ASSURANCES SUR LA VIE.

FAIRE ſervir l'inégale durée de la vie humaine, & l'intérêt de l'argent, à fonder des reſſources pour l'âge avancé; ou après la mort, en faveur des ſurvivans : tel eſt, en peu de mots, le but de toutes les ſortes d'aſſurances ſur la vie.

Leur utilité générale n'eſt pas douteuſe. Dans tout pays où l'on s'occupe du bonheur des individus, on a mis au rang des bienfaiteurs de la ſociété, les hommes qui ont inventé ces aſſurances.

LA Compagnie d'aſſurance contre les dangers du feu, a toujours regardé ſon établiſſement, comme un acheminement aux aſſurances ſur la vie.

C'eſt principalement dans cette dernière entrepriſe qu'elle a vu le motif d'une aſſociation permanente, où l'intérêt des actionnaires, lié d'une manière indiſſoluble avec le bien de la choſe publique, fut par cela même annobli, & mis au-deſſus de toute contradiction.

Le Roi a bien voulu permettre à la Compagnie d'ajouter cette utile entrepriſe à celle des aſſurances contre les incendies : l'Arrêt du Conſeil du 3 Novembre 1787 l'autoriſe à cet effet. Il ne reſte donc plus à la Compagnie qu'à inſtruire le public ſur une matière, qui n'eſt encore connue en France que d'un très-petit nombre de perſonnes.

La doctrine des aſſurances ſur la vie, ſi honorable pour la ſcience du calcul, ſi variée, ſi flexible dans tous les cas où elle devient ſecourable à l'humanité, exigeroit un long traité, & des développements, dont un proſpectus n'eſt pas ſuſceptible. On va cependant eſſayer de donner une idée de ces aſſurances, de leur baſe, de leur origine & de leur utilité, tant générale que particulière.

On expliquera la nature des ſimples aſſurances ſur

la vie ; & celle d'une eſpèce d'annuité plus particulièrement appropriée aux beſoins de l'âge avancé, & que la Compagnie eſt convenue de déſigner ſous le nom d'*Annuités différées.*

On propoſera, ſous le nom de *Caiſſe des actionnaires*, un arrangement utile aux membres de la Compagnie. En ſatisfaiſant à un acte de prudence, ils contribueront eux-mêmes, par cet arrangement, au ſuccès de leur établiſſement ; ils le ſouſtrairont aux caprices & aux conflits d'intérêts qui ſe forment dans l'agiotage, & lui aſſureront d'autant mieux la confiance publique.

On rendra compte des motifs qui ont déterminé la Compagnie à demander un privilége excluſif ; des principes qui mettent l'établiſſement à l'abri de tout danger ; & des régles fondamentales de ſon adminiſtration.

Ce proſpectus ſera terminé par l'expoſé des principales conditions relatives aux divers traités qu'on pourra faire avec la Compagnie. L'on y a joint les Tables de l'uſage le plus général en matière d'aſſurance ſur la Vie, & une Table pour les *Annuités différées ;* avec des explications ſur l'uſage des unes & des autres, & ſur la manière de s'en ſervir.

DÉFINITION des Assurances sur la Vie ; & des Rentes désignées sous le nom d'Annuités différées.

ON entend par *assurance sur la vie*, un contrat en vertu duquel des *assureurs* reçoivent annuellement, pendant un nombre d'années limité, ou une fois pour toutes, une certaine somme ; à condition de payer, à la mort d'une, ou de plusieurs personnes désignées dans le contrat, un capital quelconque, ou une rente annuelle sur la tête d'une, ou de plusieurs personnes, pareillement désignées dans le contrat.

La somme payée aux *assureurs*, est le prix de *l'assurance*. On lui donne le nom de *prime*. *L'assuré* peut la payer en une seule fois, ou la diviser en payemens annuels qu'il s'engage à faire aux *assureurs* pendant sa vie, ou seulement durant un nombre d'années limité.

Les assurances sur la vie sont, dans l'usage le plus ordinaire, l'inverse des rentes viagères. L'acquéreur d'une rente viagère débourse un capital pour obtenir cette rente. Celui qui fait assurer sur sa vie ne débourse qu'une rente, & on lui doit un capital.

L'on

L'on met encore dans la classe des assurances sur la vie, l'engagement que prennent les *assureurs* de payer à l'*assuré*, s'il arrive à un âge désigné, un certain capital, ou une certaine rente annuelle, depuis cet âge jusqu'à sa mort.

Les Anglois appellent cette sorte de rente, imaginée principalement en faveur de l'âge avancé, *remote annuities;* en François, *annuités différées:* expression, d'autant plus convenable à consacrer, qu'elle renferme l'idée nette de la chose.

L'annuité est une rente en argent, payable annuellement. Elle est *différée*, lorsque les *assureurs* ne doivent en commencer le payement qu'à une époque plus ou moins éloignée du jour auquel on a contracté avec eux. L'intervalle entre ce jour & l'époque où le payement de l'*annuité différée* commence, est une des conditions, qui facilite l'acquisition de l'annuité. Par ce moyen, l'acquéreur l'obtient pour une somme modérée; parce qu'il abandonne, pendant cet intervalle, les intérêts de cette somme; & qu'il ne peut rien exiger des *assureurs*, si la vie sur laquelle l'annuité repose s'éteint avant l'époque convenue.

Cet intervalle peut aussi servir à acquiter par des payemens annuels, les *annuités différées*; facilité avantageuse aux personnes qui ne peuvent faire que des épargnes successives.

Un exemple achèvera de donner une idée nette de ces *annuités*.

Un particulier contracte avec la Compagnie, pour qu'elle s'engage à lui payer, dès qu'il sera parvenu à l'âge de cinquante ans, une rente annuelle quelconque, depuis cet âge jusqu'à sa mort. Il acquiert cette rente, en payant à la Compagnie, soit une *prime* annuelle, à compter du jour du contrat, jusqu'à l'âge de cinquante ans; soit une *prime* unique le jour même du contrat.

Si ce particulier meurt avant l'âge de cinquante ans, la Compagnie n'a rien à lui payer, ni rien à prétendre dans sa succession. S'il parvient à l'âge désigné, il recevra de la Compagnie, dès ce moment, & jusqu'à sa mort, la rente annuelle convenue : telles sont les *annuités différées*. Cet exemple s'applique à tous les âges.

Enfin les assurances sur la vie se modifient en plusieurs manières; elles s'appliquent aux cas de mort, aux survivances, & aux prolongations de la vie. L'exposé de leur utilité en donnera une idée plus complette.

FONDEMENT de toutes les sortes d'Assurances sur la Vie.

ELLES sont fondées, comme les rentes viagères, sur la durée de la vie humaine, quand on l'envisage dans la réunion de toutes les vies; soit qu'on les considére depuis la naissance, ou depuis un certain âge, jusqu'à la mort; soit depuis tel âge jusqu'à tel autre âge. Ces divers points de vue forment autant de classes de longévité, dont chacune comprend plus ou moins d'années.

ON a établi, dès long-temps, dans tous les pays policés, des registres où l'on inscrit tous les décès, & l'âge des individus décédés.

Ces registres ont donné à connoître quelle est la vie commune de chaque individu, faisant partie de la masse totale, & de chaque individu de tel ou tel âge. On a trouvé par ce moyen, la durée de vie que l'on peut raisonnablement espérer à chaque âge.

Le grand nombre de Tables de mortalité rassemblées de divers pays, & la longue suite d'années sur laquelle s'étendent les observations, ont donné aux résultats de ces Tables, une telle certitude, que, dans les cas où il s'agit d'une certaine masse d'individus, on peut, ſans craindre des mécomptes ſenſibles, ſe fier à ces réſultats. On peut même les regarder aujourd'hui comme la moindre durée de la vie humaine : car, depuis le temps auquel remontent les Tables de mortalité, la police des villes s'eſt perfectionnée & ſe perfectionne tous les jours ; & avec elle, l'art de conſerver la vie des citoyens, & de prévenir ces grandes calamités, qui détruiſoient inopinément, & en très-peu de tems, des foules d'individus.

Le prix des *aſſurances ſur la vie* eſt une ſomme telle, qu'en la joignant aux intérêts annuels qu'elle produira dans les mains des aſſureurs, il puiſſe réſulter de la réunion d'un certain nombre de ces prix, un capital ſuffiſant pour payer, au décès de chaque aſſuré, la ſomme aſſurée ; c'eſt-à-dire, celle que les aſſureurs ſe ſont engagés de rembourſer à cette époque. Ce capital doit, de plus, ſuffire au rembourſement des frais des aſſureurs, & leur laiſſer encore un excédent, au moyen duquel ils puiſſent prendre ces ſortes d'engagemens, ſans riſquer de devenir inſolvables.

La durée de la vie individuelle, étant très-inégale ; on conçoit comment les têtes qui vivent *plus*, procurent aux aſſureurs un excédent qui les met en état de payer, pour les têtes qui vivent *moins*, la ſomme aſſurée ſur celles-ci; quoique leur mort trop prompte, n'ait pas laiſſé le temps aux aſſureurs de retirer, par les primes & les intérêts, l'équivalent de cette ſomme.

C'eſt donc en combinant les probabilités de la durée de la vie avec l'intérêt de l'argent, qu'on s'eſt mis en état d'aſſurer ſans riſque, une ſomme quelconque, ſur la durée de telle vie qu'on voudra; ou de payer, ſoit des rentes, ſoit des capitaux, à des époques convenues, ſans qu'il ſoit néceſſaire d'attendre la mort.

QUELLES que ſoient les diverſes formes ſous leſquelles on contracte avec les aſſureurs, ſi le prix de l'aſſurance eſt prudemment calculé, les aſſureurs ſont certains de remplir avec ponctualité tous leurs engagemens. Telle eſt même la certitude des divers calculs ſur leſquels repoſent les aſſurances, qu'on peut les entreprendre ſans capitaux, & par la ſimple réunion des prix d'aſſurance. A plus forte raiſon, ne doutera-t-on pas de la parfaite ſolvabilité d'une Compagnie d'aſſurances ſur la vie, ſi elle poſſéde des capitaux indépendans des ſommes que lui produiront la recette, & les intérêts des prix, ou primes d'aſſurances.

MOTIFS qui ont donné naiſſance aux diverſes ſortes d'Aſſurances ſur la Vie.

L'ON peut déterminer, ſans danger d'un grand mécompte, la durée de la vie moyenne d'un certain nombre d'individus du même âge; mais l'on ſait qu'il eſt impoſſible d'aſſigner avec quelque certitude, la durée de la vie individuelle de chacun d'eux. A quelque degré de perfection qu'on ait porté l'art de prolonger la vie, quelque bien conſtitué qu'on ſoit, les triſtes exceptions marchent toujours à côté de la régle générale. Ainſi l'acquiſition d'une fortune, ou l'accumulation de quelques épargnes reſtent douteuſes, ſi, pour faire l'une ou l'autre, il eſt néceſſaire de pouvoir compter ſur la vie pendant un certain nombre d'années.

Cette incertitude cauſera toujours des inquiétudes, plus ou moins grandes, à l'individu qui voudroit pouvoir s'aſſurer quelques reſſources pour ſa vieilleſſe, ou laiſſer après lui, à ſa famille, un pécule qui remplace les moyens par leſquels il la faiſoit ſubſiſter. Plus il ſera ſage, laborieux, intelligent & fidéle à ſes devoirs, & plus il ſentira vivement le malheur que cauſeroit ſa mort, à ceux dont l'exiſtence eſt attachée à la ſienne.

C'eſt non-ſeulement pour venir au ſecours d'une ſollicitude auſſi louable, que des calculateurs ingénieux & prévoyans ont créé diverſes ſortes d'aſſurances ſur la vie; ils ont eu un but plus reſpectable encore, celui de favoriſer la claſſe pauvre & laborieuſe; la plus nombreuſe & la plus importante dans toute ſociété.

Le produit d'un travail journalier eſt ſon partage; un gain ordinairement très-modique eſt ſon unique reſſource.

Les épargnes lui ſont très-difficiles. Elles ſe réduiſent en général à ſi peu de choſe, qu'elles ſe diſſipent le plus ſouvent par l'extrême difficulté de les mettre en valeur.

Lorſqu'à la fin de ſa journée, ou de ſa ſemaine, l'homme laborieux ne ſe voit que quelques ſols de reſte, il n'y attache preſque aucun prix: le cabaret, les loteries, les ſpectacles, les charlatans, ou quelques autres inutilités, s'emparent aiſément de ce chétif pécule: ou, ſi une force de prudence & de raiſon peu commune, le ſauve de ces tentations,

& le porte à faire quelques épargnes, il eſt rare encore que ſa ſageſſe ſoit récompenſée par le ſuccès.

Il ne peut pas placer ſon argent dans les fonds publics. Ces fonds ſont ordinairement trop au-deſſus de ſes moyens; &, ſans expérience dans les affaires, il livre ſouvent ſes épargnes à des marchands ſans crédit & ſans conduite, & les perd dans leurs banqueroutes. S'il échappe à ce danger, on s'emparera d'un autre côté de ſa confiance; on lui promettra de gros intérêts; on l'éblouïra par des avantages trompeurs, dont il ne découvrira pas la chimère; quelquefois même, une pitié mal-entendue viendra ſe joindre à toutes ces ſéductions, pour le priver de ce qu'un long & pénible travail lui avoit permis de mettre en réſerve.

Quand on réfléchit à ces fâcheux inconvéniens, on comprend comment, chez le peuple, le bon marché des ſubſiſtances peut devenir une ſource de relâchement dans le travail. L'ouvrier pauvre ſe perſuade qu'il eſt impoſſible de faire fructifier ſolidement de petites épargnes. Ce préjugé lui ôte l'eſprit de prévoyance, & l'habitue à ne voir dans ſes gains qu'une ſubſiſtance journalière plus ou moins abondante. Faut-il s'étonner alors, que, ne ſachant comment faire des économies ſur ſon

ſon ſalaire, il épargne au moins ſa peine, toutes les fois que, par l'abondance des denrées, il peut acheter avec le gain d'un jour la ſubſiſtance de deux? Mérite-t-il même à cet égard de bien grands reproches? C'eſt cependant ainſi que ſe prolongent, & paſſent d'une génération à l'autre, la misère & le découragement; & que des hommes, d'ailleurs inſtruits, n'ont pas craint de poſer en principe cette déplorable maxime, *qu'il faut, que la ſubſiſtance ſoit chère, pour que le peuple travaille.*

Les aſſurances ſur la vie préſentent au peuple un abri contre une poſition ſi affligeante : elles doivent principalement leur exiſtence à ce but également humain & patriotique.

Le premier projet de ce genre fut fait en Angleterre, par M. Hartley; & le Procureur-Général, qui en faiſoit le rapport à la Reine Anne, qualifioit ce projet *de moyen aiſé de pourvoir au ſort des Veuves, des enfans, ou des amis de ceux qui ſouſcrivoient pour ſon exécution.*

On prendra une idée de l'utilité de cette inſtitution en Angleterre, ſi l'on obſerve qu'une ſeule des ſociétés d'aſſurance ſur la vie, a diſtribué, depuis 1706 à 1787, entre quatre mille huit cent deux intéressés, la somme de treize millions deux-cents soixante-dix mille livres; somme qu'on doit envisager comme des secours acquis à des veuves & à des orphelins, qui, sans cet établissement, auroient été privés de ces avantages.

En un mot, il est peu d'entreprises dont le but soit plus digne d'éloge, & plus recommandable par ses bons effets. Pour s'en convaincre, il suffira de lire les observations suivantes.

EXEMPLES de l'utilité des Assurances sur Vie, & des autres Etablissemens analogues à ces assurances, considérées dans l'usage que peuvent en faire les individus (1).

SI l'on a dit, en définissant les assurances sur vie, qu'elles étoient, à quelques égards, l'inverse des rentes viagères, on pourroit en dire autant de leur utilité.

Ne pouvant être acquises que par l'abandon d'un capital, les rentes viagères s'appliquent, en général,

(1) La table, n° 1, est celle qu'on doit consulter dans tous les cas désignés sous cette indication.

bien plus au moment préſent, qu'elles ne ſervent pour un avenir éloigné (1).

LES effets conſtants des aſſurances ſur la vie ſont d'une nature toute oppoſée. Elles viennent au ſecours du ſentiment précieux qui attache un individu à d'autres individus qui doivent lui ſurvivre. Elles préparent une ſureté contre l'infortune, ſans nuire, ni à l'induſtrie, ni à l'activité. Elles encouragent, au contraire, au travail & à l'économie. Elles fourniſſent des motifs à la confiance, toutes les fois que cette confiance eſt néceſſaire pour favoriſer l'exercice des talents, & l'amour du travail. Enfin, les facilités qu'elles offrent aux bienfaits de l'amitié, à la piété filiale, à la tendreſſe paternelle, à l'union

(1) Il faut cependant en excepter les rentes viagères ſur les têtes choiſies. Telles qu'on les a imaginées dans l'étranger, elles peuvent, auſſi long-temps qu'elles durent, ſe tranſmettre aux enfans, aux héritiers; &, comme d'ailleurs elles ne ſont pas ſur la tête du propriétaire, elles l'invitent néceſſairement à l'économie.

On doit encore obſerver ici, qu'en conſidérant ces rentes ſous leur rapport politique & national, il eût été à déſirer, pour la France, puiſqu'on y créoit beaucoup de viager, que cette manière de le conſtituer eût été plus généralement connue, & miſe en uſage par les François eux-mêmes. Il eſt peu de villes où ces ſortes de rentes convinſſent mieux qu'à Paris, & à peine les y connoît-on.

conjugale, en un mot, aux ſentiments généreux, ne peuvent tendre qu'à multiplier la pratique de toutes les vertus, & à ranimer cette ſenſibilité intéreſſante, qui tend au bonheur de la ſociété.

Il exiſte une claſſe nombreuſe de citoyens, dont les talents reſtent enfouis, par la difficulté où ils ſe trouvent d'aſſurer le rembourſement des avances dont ils auroient beſoin pour les développer; avances que la ſeule incertitude du rembourſement empêche ſouvent de leur confier. Chaque fois que la crainte de leur mort retiendra cette confiance, il ſera facile d'y obvier, au moyen des aſſurances ſur la vie.

Elles rendront ainſi à la ſociété des hommes perdus juſqu'ici pour elle. C'eſt peut-être l'unique moyen d'aſſurer pour jamais à l'induſtrie, les ſecours de la richeſſe, qui s'en éloigne toujours davantage, & de vaincre la défiance ſi ſouvent nuiſible, à la proſpérité publique; défiance qui doit naturellement s'accroître; & parce que la miſère, tendant à devenir toujours plus grande, diminue toujours plus les motifs de confiance; & parce que la difficulté d'intéreſſer le riche au ſort de l'indigent, conduit trop ſouvent ce dernier à tromper.

Le propriétaire d'un capital modique, nécessaire à ses besoins, n'ose en prêter une partie à un ami digne de toute sa confiance, mais dont la mort prématurée, peut le rendre insolvable, & mettre le prêteur dans l'embarras. Offrez à celui-ci le moyen d'assurer sur la vie de l'emprunteur une somme égale à celle qui sera prêtée, & rien n'empêchera le prêteur de se livrer aux inspirations de l'amitié. Si, par exemple, l'emprunteur étoit âgé de vingt-cinq ans, & qu'il eût besoin de dix mille livres pour cinq années; l'assurance, une fois payée, lui coûteroit mille cinquante-deux livres, dix sols (1); si l'emprunteur étoit âgé de quarante ans, & qu'il eut besoin de la même somme, & pour le même nombre d'années, l'assurance lui coûteroit alors quatorze-cents vingt-une livres, cinq sols.

Un particulier contrarié par de fâcheuses circonstances, trouve à peine les moyens de subsister avec sa famille: il entrevoit une fortune assurée dans un voyage lointain; mais, s'il mouroit avant de l'avoir accompli, il laisseroit sa famille dans la détresse,

(1) La prime d'assurance sera, dans ce cas, payée par l'ami, si son amitié peut aller jusques là; ou par l'emprunteur, ou ses parens, ou d'autres amis.

& cette crainte le retient auprès d'elle, dans un état pénible pour tous.

Que ce particulier puiſſe trouver, par lui-même ou par ſes amis, la prime néceſſaire pour faire aſſurer, ſur ſa vie, pendant ſon abſence, une ſomme ſuffiſante pour préſerver ſa famille de l'indigence, dans le cas où il mourroit avant d'avoir réaliſé ſes vues ; il ne balancera plus à chercher au loin les reſſources qu'il n'avoit pas autour de lui.

Un grand nombre de penſions, de ſalaires ou de rentes repoſant ſur une ſeule tête, ſervent cependant à l'entretien de pluſieurs. En faiſant ſur de tels revenus quelques modiques épargnes, on pourra, dans bien des cas, faire aſſurer, ſur cette tête, un capital, qui remplace, après elle, aux ſurvivans, une partie de la penſion, ou de la rente, qui ſervoit à leur entretien.

Que de même, l'on faſſe aſſurer un capital ſur la vie d'un bienfaiteur, dont la mort éteindroit une penſion, ou des ſalaires, qu'il ne doit payer que pendant ſa vie ; & l'on préviendra l'entière extinction de ce revenu.

En un mot, à l'aide des aſſurances ſur la vie, les rentes néceſſaires à ceux qui en jouiſſent, & qui repoſent

reposent sur la tête d'autrui, pourront être conservées en partie, malgré le décès de la personne rentée.

LES familles des gens d'église, d'épée & de robe; celles des médecins, chirurgiens, & généralement de tous ceux qui possèdent des offices publics, ou des emplois particuliers, & dont la fortune est toute entière dans l'exercice journalier de ces diverses professions, peuvent être préservées par ces assurances, de la détresse où les jetteroit la mort prématurée de leurs chefs, ou du parent qui pourvoyoit à leurs besoins.

On sentira d'autant mieux le prix de cette ressource, si l'on observe que ces professions sont ordinairement entre les mains de personnes dont l'état est relevé par une éducation soignée; que leur dépense s'établit tout au moins d'après la manière de vivre, ou les préjugés de leur état; & que, par conséquent, une famille peut se trouver tout-à-coup dans une situation très-déplorable, par la seule habitude de l'aisance dont elle jouissoit.

L'assurance renouvellée chaque année, & qu'on peut faire cesser quand on veut, est la plus convenable à ces positions.

Il eſt d'autres circonſtances où la grande utilité des aſſurances ſur la vie n'eſt pas moins évidente.

Si un père de famille a beſoin d'une ſomme pour établir ſes enfans, ou pour quelqu'autre objet important, & qu'il ne poſsède pour tout bien que le revenu d'un fonds ſubſtitué ; le riſque de ſa mort le prive ordinairement du crédit néceſſaire pour emprunter ſur ce fonds. Que, dans cette poſition, il faſſe aſſurer annuellement ſur ſa vie une ſomme toujours décroiſſante, à proportion que la jouiſſance de ſes revenus lui fournira des moyens de rembourſemens ; il trouvera des prêteurs diſpoſés par cette précaution, à lui confier les ſommes qui lui ſeront néceſſaires.

Il eſt d'autres cas où ceux qui attendent des ſubſtitutions, ou des reverſibilités, trouveroient un grand avantage à vendre leurs expectatives. Ils ne peuvent trouver des acheteurs qu'en conſentant à d'énormes ſacrifices. S'il eſt vrai, comme on l'aſſure, qu'à Paris, il ſe vende annuellement pour pluſieurs millions d'uſufruits, à l'intérêt de vingt pour cent, ſur une tête, ſans diſtinction d'âge, l'établiſſement de la Compagnie fera néceſſairement ceſſer des ventes

auſſi

aussi onéreuses. Car si, jusqu'à présent, les acheteurs traitent à si haut prix, c'est parce qu'ils ne peuvent se charger d'un assez grand nombre d'usufruits pour s'abandonner au résultat des probabilités générales. La Compagnie, au contraire, pouvant, par la masse de ses affaires, s'assurer le résultat ordinaire des probabilités générales, fournira aux usufruitiers les moyens de traiter à des conditions raisonnables.

Sous d'autres rapports, les mêmes observations s'appliquent au cas où un ecclésiastique, simple usufruitier, voudroit emprunter pour quelque fondation pieuse, ou quelqu'acte de charité; ou bien lorsqu'il auroit des bulles à payer avant de prendre possession d'un évêché, d'une abbaye, ou de tel autre bénéfice sujet à cet impôt.

Il en est encore de même à l'égard des personnes qui rempliroient avec succès de certaines charges, mais qui ne peuvent les acquérir qu'au moyen d'une finance qui leur manqueroit, tant que le risque de leur mort exposeroit les prêteurs. La ressource de l'emprunt leur sera ouverte, dès qu'ils pourront faire assurer cette finance sur leur vie.

D'AUTRES (& ces cas-ci sont plus nombreux

qu'on ne penſe) n'ont que des rentes viagères ſur leur propre tête. Des circonſtances inattendues leur en font regretter les capitaux. Si, pour les recouvrer, ils veulent vendre ces rentes, ils ne le peuvent qu'à un prix très-déſavantageux, faute d'acheteurs en état de les acquérir ſur le pied des probabilités de la vie. C'eſt le même cas dont il vient d'être fait mention à l'égard des reverſibilités : la Compagnie pourra toujours traiter de ces rentes, d'après les principes modérés de ſon établiſſement.

Les rentes viagères ſont devenues, comme on ſait, un objet de commerce. C'eſt l'effet naturel des emprunts ſucceſſifs ſous cette forme, préférée ſans doute, parce qu'elle néceſſite le rembourſement, en le confondant avec les intérêts. La quantité des rentes viagères s'étant ainſi accrue, tout ce qui fera de leur acquiſition un motif propre à encourager l'eſprit d'ordre & d'économie, doit être agréable à l'adminiſtration & aux amis de la choſe publique.

On peut y parvenir en multipliant les combinaiſons utiles dont elles ſont ſuſceptibles. La Compagnie s'en occupera dans le plus grand détail. C'eſt un des plus heureux uſages qu'elle puiſſe faire de ſon privilége. On a vu que les rentes viagères ſont liées par leur baſe aux aſſurances ſur vie : on a pu voir qu'elles ſont, elles-mêmes, une ſorte d'aſſurance. Ainſi la Compagnie, en les faiſant ſervir au but ſalutaire de ſon établiſſement, multipliera ſes opérations, & les rendra par cela même plus ſolides.

Favorable ſous ce point de vue à la circulation des rentes viagères, la Compagnie ſera encore très-utile aux ſpéculateurs qui, pour les revendre, les placent ſur des têtes choiſies. On ſait qu'ils en font conſtituer pour des ſommes conſidérables, & que par conſéquent la mortalité de ces têtes eſt à leurs riſques, en attendant qu'ils trouvent à les vendre : or dès qu'ils ne ſe propoſent pas de garder long-temps ces rentes, & que cependant ils en ont pour des ſommes conſidérables ſur chaque tête, il leur conviendra ſouvent de faire aſſurer ces têtes pendant un ou deux ans. La Compagnie pourra ſeule traiter de ces aſſurances, & à des conditions équitables.

ELLE ſera plus utile encore, & ſous un autre point de vue, aux propriétaires de rentes viagères ſur têtes choiſies.

La nature de ces rentes exige que le rentier

travaille à recouvrer, en tout ou en partie, le capital qu'il a employé pour les acquérir. Sans cette précaution, la rente, étant ſur d'autres têtes que la ſienne, pourroit lui manquer, par la mort inopinée de ces têtes, & le laiſſer dans le beſoin.

En faiſant quelque ſacrifice ſur ſa rente, il pourra prendre avec la Compagnie des arrangemens, par leſquels il retrouvera, ſans embarras, à la mort de chaque tête, la ſomme dont il aura jugé à propos de s'aſſurer le recouvrement.

Ces arrangemens conviendront à un grand nombre de perſonnes, pour qui les ſoins qu'entraîne la néceſſité de recouvrer leur capital par des épargnes, ſont, ou fatigans, ou impoſſibles, & qui, par cela ſeul, peuvent être conduites à dépenſer toutes leurs rentes, quoiqu'elles excédent leurs beſoins.

Le taux, néceſſairement peu varié des rentes viagères, ne préſente pas aux perſonnes âgées le même avantage qu'aux jeunes-gens. La Compagnie déterminera un intérêt ſur la vie, qui, au contraire de celui qui provient des emprunts publics, ſera proportionné aux divers âges. Cet intérêt pourra même ſe joindre, chaque année, au capital, pour fructifier de la même manière, jusqu'au terme où le propriétaire voudra retirer, en tout ou en partie, la somme dont il sera devenu créancier.

CETTE ressource ajoute un avantage aux rentes viagères; celui de faire croître les moindres épargnes avec plus de rapidité, & de procurer plus promptement une somme nécessaire à quelqu'emploi utile.

Elle est particulièrement applicable aux enfans dès leur naissance. Une modique somme, placée à cette époque sur leur tête, leur préparera le fonds nécessaire à un établissement, une dot, ou un apprentissage, &c. pour l'âge convenable à ces diverses déterminations.

CEUX qui auront fait assurer sur leur vie, une somme ou une rente quelconque, destinée à leurs héritiers, pourront néanmoins, dans le cas où une indigence imprévue viendroit affliger leur vieillesse, les faire servir à leur propre usage.

La valeur d'une somme assurée augmente à mesure que la fin naturelle de la vie approche; &, dans les circonstances inattendues, qui rendroient nécessaires à l'assuré lui-même le capital, ou la rente que les aſſureurs ne doivent payer qu'après ſa mort, il pourra toujours en retirer cette valeur, ſans avoir à craindre la main peſante de l'uſurier. Comme il conviendra à la Compagnie de racheter ſes propres engagemens; elle pourra toujours en payer un prix plus avantageux au vendeur, que ne le feroit toute autre perſonne. Auſſi, les Compagnies Angloiſes ſe réſervent-elles, lorſque leurs engagemens ſont à vendre, la préférence de l'achat; précaution néceſſaire pour conſerver à l'aſſuré tout l'avantage de ſon contrat.

L'USAGE des aſſurances ſur vie peut influer avantageuſement ſur l'agriculture même. Pour la faire proſpérer, il faut que le cultivateur ſoit toujours généreux envers la terre; qu'il lui prodigue, non-ſeulement ſon temps & ſa peine, mais encore des avances.

Cependant, la plupart des fermiers ou des laboureurs propriétaires, n'ont pas plutôt économiſé quelqu'argent, qu'ils le regardent comme la première reſſource de leur famille, pour le cas où elle viendroit à les perdre; & la crainte qu'ils ont d'expoſer leur argent dans de nouvelles avances, les condamne ſouvent à l'inaction. Qu'on les inſtruiſe du moyen de le faire assurer sur leur vie, pour un temps limité; & la même crainte ne les empêchera plus de s'en servir à faire mieux fructifier leurs champs.

Les grands propriétaires, sur-tout, en faisant assurer sur la vie de leurs fermiers une somme en faveur de la famille de ces cultivateurs, les encourageroient; & seroient amplement dédommagés de ce bienfait peu coûteux, par la meilleure culture de leurs terres.

La Compagnie assurera sur plusieurs vies jointes ensemble. Un mari & une femme pourront, par exemple, faire assurer une somme quelconque, payable à l'un ou l'autre des survivans, ou seulement à celui des deux qui aura été désigné d'avance. Cette dernière espéce d'assurances sert à conserver au mari ou à la femme, une rente qui doit s'éteindre à la mort de l'un ou de l'autre (1).

Ceux qui, dans quelque situation que ce soit, ne prétendront qu'à assurer à leurs héritiers, ou à telle autre personne à laquelle ils voudront faire du bien, un capital payable après leur mort, pourront remplir leur but, soit en payant à la Compagnie

(1) Voyez la table, n° 3, & l'explication.

une somme une fois pour toutes, soit en lui payant une redevance annuelle jusqu'uà leur mort.

Une personne âgée de vingt-cinq ans, en payant comptant deux livres cinq sols, six deniers, à la Compagnie, assurera en faveur de qui bon lui semblera, cent livres, payables à son décès, si elle venoit à mourir dans un an.

Il lui en coûteroit six livres, onze sols, trois deniers, en un seul paiement, pour faire durer l'assurance trois ans; dix livres, dix sols, six deniers, pour la faire durer cinq ans; &, trois livres, sept sols, trois deniers, pour la faire durer pendant la vie entière.

Ce genre d'Assurance est applicable à tous les âges, comme on le verra par la table n° 1, jointe à ce Prospectus.

Il est beaucoup de cas dans la vie, où la ressource des assurances n'est utile ou nécessaire que durant un certain nombre d'années : tel est celui où un père de famille attend un héritage, qui seroit perdu pour ses enfans, ou pour sa veuve, si l'expectant mouroit avant que cet héritage lui fut dévolu. Tel est encore le cas où il ne faut à un particulier, qu'un certain nombre d'années pour acquérir une fortune, qui le délivre de toute inquiétude. On sent

ſent qu'alors la reſſource des aſſurances ne lui eſt néceſſaire que pour un nombre d'années limité, & ſeulement comme précaution contre une mort prématurée.

Enfin, dans toutes les profeſſions peu lucratives, la médiocrité du gain ne ſauroit le plus ſouvent permettre que des aſſurances qu'on renouvelle d'année en année. La Compagnie préſentera toutes ces facilités.

ANNUITÉS DIFFÉRÉES.

On a donné la définition de ces ſortes d'annuités (1). Elles ſont deſtinées par leur nature, à ceux qui veulent aſſurer, ſoit à eux-mêmes, ſoit aux leurs, une reſſource pour l'âge du repos, ou pour le tems où le travail devient trop pénible, ou impoſſible, ou peu productif. Elles ont l'avantage de pouvoir être acquiſes dès qu'on peut compter ſur quelques épargnes annuelles, ou qu'on peut y deſtiner de bonne heure une ſomme qui, par l'abandon de l'intérêt, au profit de la Compagnie, ſuffiſe à payer l'annuité.

Elles ſont convenables à toutes les claſſes de la ſociété; aux riches & aux pauvres; ſur-tout à la claſſe des individus qui tirent leur aiſance d'un état

(1) Voyez les pages 8 & 9, & la Table n° 4.

peu certain. Elles conviennent principalement aux personnes qui ne vivent que du produit d'un travail journalier, & qui peuvent en tirer quelques économies. Elles remédient aux difficultés qu'elles éprouvent pour les faire fructifier.

Pour venir d'autant mieux à leur secours, la Compagnie, quel qu'en soit l'embarras, recevra même de très-petites sommes, comme on le verra par l'article XII de ses conditions générales. Ces sommes porteront intérêt, au profit du propriétaire, jusqu'à ce qu'elles ayent atteint la quotité qui lui permettra de les employer en assurances sur la vie, ou en annuités différées.

La Compagnie recevra aussi des sommes considérables, pour en accumuler les intérêts au profit des dépositaires ; sans faire dépendre le remboursement de ces sommes & des intérêts accumulés, d'aucun des hazards de la vie. Par ce moyen, l'établissement de la Compagnie présentera au Public, le double avantage de pouvoir faire fructifier des dépôts pour des termes plus ou moins *différés* au simple intérêt composé, sans nulle combinaison de mortalité ; & à des intérêts combinés avec les divers âges & la probabilité de la durée de la vie.

Le calcul des annuités différées a été établi, par la Compagnie, sur le pied le plus avantageux qui lui a été possible pour les acquéreurs. Elle portera une attention d'autant plus grande à cet objet, que c'est en particulier, dans les combinaisons pareilles aux *annuités différées*, que se trouvent les moyens d'établir des caisses en faveur des veuves, des orphelins, des enfans en bas âge, des corporations d'ouvriers, &c.

On voit, par tous ces exemples, qu'en faisant connoître le parti qu'on peut tirer des diverses sortes d'assurances sur la vie, on rendra les plus grands services à toutes les classes de la société, & en particulier à la classe laborieuse & peu favorisée de la fortune; puisqu'elle y trouvera les moyens de faire servir ses épargnes à acquérir des ressources contre la pauvreté, à laquelle cette classe semble n'être condamnée que par la privation d'un établissement pareil à celui de la Compagnie.

Il sera de son devoir, comme de son intérêt, de multiplier une instruction aussi utile; &, sans doute que les amis de l'humanité voudront bien favoriser ses efforts. Quelle plus noble application de la bienfaisance, que de répandre chez le peuple l'esprit de prévoyance & de calcul qui l'excite au travail! Connoît-on un préservatif plus sûr contre les vices? Aussi long-tems qu'on n'a pas d'autres ressources à oppoſer à la miſère, que les dons de l'aumône & l'aſſiſtance des Hôpitaux; peut-on ſe défendre de la triſte réflexion, que ces moyens répandent ſouvent l'aviliſſement, par les mains mêmes de la charité, & préparent des encouragemens à la fainéantiſe?

La Compagnie n'étendra pas plus loin les exemples de l'utilité de ſon entrepriſe; ils ſe multiplieroient preſqu'autant que les circonſtances d'où les hommes peuvent tirer leur fortune ou leur ſubſiſtance.

Tous ces exemples, quoique relatifs à l'utilité perſonnelle, ſont autant de preuves du bien général que la nation retirera de cet établiſſement; & ce bien eſt aſſez évident, pour que d'autres obſervations ſoient ſuperflues. Qu'on permette cependant à la Compagnie d'inſiſter ſur quelques conſidérations générales, qui rendent ſon entrepriſe plus ſenſiblement avantageuſe à la choſe publique.

Avantages *publics des Aſſurances ſur la Vie, des Annuités différées, &c.*

Tout ce qu'on a dit des rapports heureux entre les aſſurances ſur la vie & les rentes viagères, tant à l'égard du commerce de ces rentes, que des moyens divers de les rendre compatibles avec l'eſprit d'ordre & d'économie, a déjà convaincu le lecteur, que les assurances sur la vie étoient utiles sous ce point de vue, dans un pays où les rentiers viagéristes étoient nombreux. Il a vu que la plupart de ceux-ci, pouvant toujours disposer de quelque excédent au-delà de leurs besoins, seroient invités à le sauver de la profusion ou de la négligence, en leur présentant la facilité de le rendre utile après eux.

Le lecteur a compris que tous les hommes qui ne jouissent que d'une aisance précaire, par sa dépendance de l'exercice de leurs talens, de leur industrie, ou de quelque emploi, doivent être, en quelque sorte, rangés dans la classe des viagéristes, relativement à l'usage des assurances sur la vie.

Leur utilité, à tous ces égards, est donc un avantage public, & doit les rendre agréables à l'administration.

Le Gouvernement reconnoîtra, sans doute, avec la même satisfaction, les rapports de ces assurances avec la classe indigente. Il est évident qu'elles y porteront la prévoyance & l'encouragement. Quand au lieu d'être conduit à s'étourdir sur son sort, le peuple verra que des plus petits deniers, il peut sortir une provision pour l'âge avancé, quelques secours pour les veuves, pour les enfans; ses idées changeront; le travail prendra insensiblement, à ſes yeux, plus de conſiſtance & de valeur. Il s'éloignera de plus en plus de ces déplorables ſpéculations où l'on ſurprend ſa crédulité, où il ſe ruine en courant après des chimères, où le hazard le plus heureux ne lui donne qu'un ſecours pernicieux par la manière dont il eſt acquis.

Cet avantage public ſeroit-il indifférent? Tout encouragement nouveau qui porte au travail, au développement de l'induſtrie, n'eſt-il pas un fond nouveau & productif, dont le revenu public ne tarde pas à reſſentir avantageuſement les bons effets?

PAR cela même, la Compagnie eſt diſpenſée de prouver qu'au ſuccès de ſon établiſſement, ſe lie néceſſairement la diminution de la mendicité. C'eſt principalement ſous ce point de vue, qu'il devient intéreſſant pour toutes les perſonnes, qui voyent dans cette calamité, la plus triſte des maladies de la civiliſation. On abonde en projets pour la guérir; mais aucun n'a encore préſenté de ſolution ſatisfaiſante. Les reſſources que fournit la doctrine des aſſurances ſur la vie, ſe préſentent juſqu'ici comme le plus ſûr moyen de diminuer ce fleau, & de le prévenir pour la ſuite (1).

(1) Si la doctrine des aſſurances ſur la vie, appliquée au ſoulagement de l'indigence, n'a pas encore détruit, en Angleterre, la mendicité; c'eſt qu'elle eſt, en quelque ſorte, fécondée par la mauvaiſe organiſation de la taxe des pauvres, & par l'indiſcrette profuſion des charités.

Il faut se rappeller, que la Société Angloise, dont il a déjà été fait mention, a distribué, dans le cours de quatre-vingts ans, treize millions deux-cents soixante-dix mille livres, entre quatre mille huit-cents deux personnes (1).

On ne sauroit nier qu'une somme aussi considérable n'ait été, en quelque sorte, tirée du néant. Elle est en grande partie la réunion de petites portions d'argent éparses & oisives, que la Société Angloise, en les rassemblant, a considérablement augmentées par des intérêts soigneusement accumulés. Sous d'autres rapports, cette importante somme est un produit de la prévoyance, de l'économie, en un mot, de cette sagesse de conduite, encouragées par l'établissement des assurances sur la vie; conduite toujours utile à l'Etat, & qu'un bon Gouvernement ne sauroit trop protéger, & mettre en honneur. Ces treize millions, ainsi distribués, sont enfin un résultat sensible d'une des plus heureuses inventions qui ait jamais existé en faveur de l'humanité.

Qu'on médite sur toutes ces considérations, en

(1) D'autres établissemens où l'on a pû déposer en sûreté, quelques sommes d'argent pour y être augmentées par l'accumulation des intérêts, ont donné au bout d'un certain tems les moyens d'exécuter de très-grandes & utiles entreprises auxquelles ces sommes étoient destinées.

les appliquant aux objets dont l'ordre social & la félicité publique se composent, & qu'on juge si un établissement, qui promet de tels résultats, autorisé, protégé, & surveillé par le Gouvernement, n'est pas un des plus grands bienfaits du Souverain envers la nation entière.

AUTRE avantage de l'établissement des Assurances sur la Vie, relativement à l'esprit public.

L'ARITHMÉTIQUE politique devient de plus en plus l'objet de l'attention de la plupart des Gouvernemens. Elle seule peut indiquer avec certitude les vrais moyens de la puissance & de la prospérité des Etats. Elle manque presque par-tout, en France comme ailleurs (1), d'observations nationales nécessaires à ses calculs. De là vient qu'elle n'a rien produit encore qui puisse être d'un grand secours. Elle n'est jusqu'à présent qu'un foible objet de curiosité; tandis que des observations régulières, multipliées,

(1) Sans doute qu'on a pourvu, en France, à ce qu'il soit tenu, dans chaque Paroisse, un registre des naissances, des mariages & des morts. Mais l'Ordonnance à cet égard n'a eu d'autre but que d'assurer l'état des citoyens. On ignoroit, lorsqu'elle a été rendue, les lumières qu'on pourroit tirer de ces registres pour évaluer la population; ensorte que leur dépouillement n'a jamais intéressé, sous ce point de vue. On conçoit combien cette police peut fournir d'utiles instructions, lorsque les vues qui la dirigeront, s'étendront sur la population, & sur toutes les observations qui en dépendent.

tipliées, & dirigées avec intelligence, fourniroient au Gouvernement des résultats infiniment utiles pour les progrès de la félicité publique.

La durée de la vie, considérée dans les diverses époques, dans les divers lieux, dans les deux sexes, & dans la diversité des professions, est une des parties les plus essentielles de l'arithmétique morale & politique. Elle varie beaucoup, & s'écarte des proportions qui sembleroient devoir exister entre les divers âges & la commune durée de la vie, dont on se croit suffisamment instruit.

Relativement au Gouvernement, l'examen de ces circonstances intéresse la santé publique, & toutes les dispositions politiques importantes, dont la population doit être la bâse.

Relativement aux assurances sur la vie, cet examen déterminera les calculs avec plus de précision; il fixera les prix d'assurances particuliers à certaines villes, & à certains cantons; mais, sur toutes choses, il donnera les moyens de multiplier les combinaisons secourables, & qui sont loin d'être épuisées, dans les pays même où les assurances sur la vie sont en usage depuis long-temps.

Par exemple: les diverses professions ont une vie commune, qui leur est particulière, parce que ces professions influent plus ou moins sur la santé. Des lumières sûres à cet égard, (& le temps avec les soins peuvent les procurer) donneroient la facilité d'établir en faveur des professions pénibles, & peu lucratives, des caisses d'épargnes particulières à chacune d'elles. Par ce moyen, les nombreux individus, qui appartiennent à ces professions, pourroient acquérir, à peu de frais, la perspective consolante d'une rente annuelle, pour le temps où, selon la nature de la profession, leurs forces seroient devenues insuffisantes; rente qui seroit prolongée jusqu'à la fin de leurs jours. C'est ainsi que des caisses d'épargnes, instituées en faveur des Maçons, des Charpentiers, des Couvreurs, des Doreurs, des Marins, même des Pêcheurs, &c. suivroient des proportions différentes les unes des autres. Qui doute que des caisses, ainsi appropriées à chaque profession, ne donnassent beaucoup d'encouragement & de sécurité aux individus dont cette profession est l'unique ressource?

Or l'intérêt de la Compagnie, la portant plus immédiatement à faire les recherches nécessaires aux progrès de ses assurances, le Gouvernement doit attendre d'elle des lumières importantes sur les causes de la plus ou moins grande durée de la vie dans tous les âges, dans toutes les professions, & dans tous les lieux. Elle peut, pour obtenir ces lumières, diriger elle-même les travaux, les encourager par des récompenses; car plus elle rassemblera d'observations, & plus elle pourra multiplier à son avantage, & à celui du public, les établissemens secourables.

On ne s'étendra pas davantage sur l'utilité publique des assurances sur la vie. Il reste à faire connoître une institution particulière aux actionnaires, & dont ils pourront retirer les plus grands avantages.

CAISSE DES ACTIONNAIRES.

La Compagnie établira, en faveur des Actionnaires, une caisse, dont l'utilité est évidente.

En considérant l'entreprise de la Compagnie, dans ses rapports avec les convenances de la classe laborieuse & sans fortune, & avec celles des personnes qui, sans être dans l'indigence, n'ont que des ressources précaires, ou des moyens difficiles à faire valoir; en portant ensuite ses regards sur les situations plus aisées, & même sur les riches; en réfléchiſſant aux viciſſitudes ſans nombre, qui environnent toute eſpéce de propriété, il reſte évident qu'il n'eſt aucun état, où des précautions pour l'âge avancé, ne ſoient convenables. Si elles ſont un jour néceſſaires, c'eſt un bien ineſtimable de les avoir préparées; ſi elles ſont ſurabondantes, c'eſt encore un bien de plus.

Moins ces précautions reſſembleront au genre d'affaires & de reſſources auquel chacun eſt accoutumé, & plus il y aura de prudence à les adopter.

On voit des perſonnes très-entendues à faire valoir l'argent ſur les terres, dans le commerce, &c., tenir cependant à l'écart, & entièrement ſéparée de leurs affaires, une ſomme morte, qu'elles enviſagent comme à l'abri de tout fâcheux accident. Cette couteuſe précaution renferme beaucoup d'inconvéniens. Elle ne peut d'ailleurs former une ſûreté ſuffiſante qu'autant qu'elle eſt conſidérable. Une ſomme qui pût être miſe également en oubli, & qui cependant fructifiât journellement, rempliroit cette vue d'une manière bien préférable, ſurtout pour ceux qui ne peuvent mettre que peu d'argent en réſerve.

C'eſt cette conſidération qui a fait naître l'idée

d'un moyen propre à réunir l'intérêt des actionnaires, relatif au succès de leur établissement, à celui de se préparer pour eux-mêmes, ou pour quelqu'un des leurs, une provision pour l'âge avancé.

La Compagnie établira donc une caisse destinée particulièrement aux actionnaires. Ils devront y déposer au moins cinq actions entières; & acquérir en même-temps une annuité différée, dont ces actions garantiront le payement.

Cette annuité correspondra, pour sa valeur, à un payement de cent cinquante livres au moins fait à la Compagnie, pendant dix ans; & ce payement annuel sera prélevé sur le dividende appartenant aux cinq actions.

Ces annuités seront exemptes de toute retenue, lorsque le terme de leur payement sera arrivé (1).

Les actionnaires déposans seront libres de faire leurs payemens annuels aussi forts qu'ils le voudront; ils pourront acquérir ces annuités de faveur, jusqu'à concurrence du dividende des actions qu'ils

(1) Voyez l'article IX des conditions générales de la Compagnie.

auront dépoſées, pour tel âge, au profit de telle perſonne, & pour telle ſomme qu'ils voudront.

Les actionnaires qui dépoſeront dix actions entières, & auront acquis, de la même manière que ci-deſſus, des annuités différées pour une ſomme correſpondante au moins à deux-cents quarante livres de payemens annuels, auront le droit d'aſſiſter aux aſſemblées générales (1). Elles auront voix délibérative, concurremment avec les actionnaires non dépoſans; leſquels ſeront tenus au dépôt ordinaire d'un plus grand nombre d'actions, pour avoir droit de voter dans ces aſſemblées. Dix actions dépoſées à la caiſſe des actionnaires, donneront une voix au dépoſant; vingt lui en donneront deux; trente lui en donneront trois, au-delà deſquelles nul actionnaire ne pourra donner un plus grand nombre de ſuffrages, quel que ſoit le nombre de ſes actions. Il ſera même pris des précautions pour que les actions, qui donneront le droit de voter, ne puiſſent jamais être des propriétés ſimulées, qui,

(2) On n'a droit de ſuffrages dans la Compagnie d'aſſurance de Londres, qu'autant qu'on a fait aſſurer deux mille cinq cents liv., au moins, ſur une ou pluſieurs vies, & pour toute leur durée.

le plus ſouvent, ne ſervent qu'à faire prévaloir un tout autre intérêt que celui de la Compagnie.

Les avantages de cette inſtitution, particulière aux actionnaires, ſont ſenſibles.

1° Elle donne aux actions une propriété qui en augmente le prix, puiſque ces actions ſerviront à acquérir des annuités différées pour l'âge avancé, ſur un pied plus favorable que ne pourront le faire les non-actionnaires & les actionnaires non-dépoſans : acquiſition très-commode, puiſque la ſomme d'annuités différées, que l'actionnaire voudra acquérir, étant une fois fixée, de même que la retenue ſur le dividende qui ſervira à les payer; cette opération n'exigera plus ni ſoins, ni embarras. Les annuités différées ſeront ainſi acquitées par une partie du bénéfice que les actionnaires ont lieu d'attendre de leurs actions.

2° La confiance du public dans la Compagnie, en ſera d'autant plus grande, puiſque le dépôt d'actions, fait ſous ce point de vue, ſera une ſûreté de plus en faveur des engagemens de la Compagnie.

3° A proportion que les actions dépoſées ſeront plus nombreuſes, il y aura une partie plus grande des dividendes employée en annuités différées. Ainsi une portion du bénéfice que l'établissement produira, se convertissant en augmentation d'assurances, favorisera, par conséquent, toujours davantage l'augmentation du capital de la Compagnie ; augmentation à laquelle les actionnaires doivent tendre sans cesse, puisqu'elle ne peut avoir lieu, sans que l'action acquière proportionnellement une plus grande valeur.

4° Les actionnaires étant eux-mêmes des assurés, leur exemple aura le plus grand succès pour répandre la doctrine des assurances sur vie. C'est de cette manière qu'elle s'est répandue en Angleterre. Ainsi les actionnaires, en acquérant des annuités différées, en retireront le double avantage, de favoriser puissamment leur établissement, & d'en partager les bénéfices à titre d'assureurs & d'assurés.

5° Les résolutions de la Compagnie, étant prises sous ces deux rapports, n'en seront que plus prudentes & plus sages. C'est le moyen d'éloigner constamment de l'établissement les secousses dangereuses que l'agiotage peut lui imprimer, lorsque les voix, dans les assemblées générales, sont uniquement dirigées par l'influence de quelques intérêts particuliers.

6° Enfin

6° Enfin les actions de la Compagnie d'assurance deviendront, par l'établissement de cette caisse, une propriété désirable pour tous les particuliers prévoyans, & sur-tout pour les pères de famille. Elles leur donneront le moyen d'établir des espéces de *fidei-commis* en faveur de leurs enfans, & de leur postérité. Après avoir servi à acquérir des annuités différées pour une génération, les mêmes actions pourront remplir le même office pour la génération suivante, & ainsi des unes aux autres; & toujours sans embarras, ni inquiétude pour aucun des expectans.

Les actions déposées n'en seront pas moins disponibles; elles pourront sortir du dépôt, lorsqu'elles auront acquitté les annuités différées dont elles étoient la caution. D'ailleurs, quoiqu'en dépôt, elles seront toujours transférables; & l'on ne doit pas douter que successivement, la totalité des actions ne se rassemble dans cette caisse, pour n'en plus sortir, tant elle réunit de convenances.

Si l'on objectoit que, sans actions & sans cautionnement, on pourra également acquérir des annuités différées; que, par conséquent, le dépôt ne ſera qu'une gêne inutile, on ſe tromperoit à ce dernier égard.

On a vu, 1° que les annuités différées, acquiſes par d'autres que des Actionnaires dépoſants, ſeront ſujettes à une retenue, dont les annuités fondées avec dépôt d'actions ſeront exemptes. 2° Que les Actionnaires ſerviront puiſſamment leurs intérêts, en concourant eux-mêmes immédiatement, au ſuccès de leur établiſſement, & en ſe mettant en état d'inſtruire le public par leur propre expérience. 3° Que le droit de voter aux aſſemblées, ſera donné à un dépôt de dix actions, dans la caiſſe des Actionnaires, tandis que les non-dépoſants, dans cette caiſſe, ne pourront voter qu'avec un plus grand nombre d'actions.

Le dépôt dans la caiſſe des actionnaires ſera donc un avantage réel pour eux.

Au reſte, la Compagnie, en ſuppoſant qu'on ne fera l'acquiſition d'annuités différées que pour l'âge avancé, ne prétend pas inſinuer que ces annuités, ne puiſſent être deſtinées pour un âge plus près de la jeuneſſe, ou pour la jeuneſſe même. On ſera maître de les acquérir pour l'enfance, & de placer, à l'âge qu'on jugera convenable, l'époque où leur jouiſſance commencera.

OBSERVATIONS relatives au Privilége exclusif de la Compagnie.

ON s'est élevé dans ces derniers temps, & dans certains cas avec trop de raison, contre les priviléges exclusifs, pour qu'une Compagnie, qui ne peut se rendre utile au public sans sa confiance, & qui, par conséquent, doit être jalouse de mériter son estime, ne développe pas les motifs qui l'ont déterminée à solliciter un privilége exclusif, mais dont la durée fût limitée.

Plus les avantages que la Compagnie présente sont précieux pour la nation & pour les individus, plus il importe de leur en assurer la jouissance. Un établissement tel que celui dont nous venons d'offrir le tableau, ne sauroit même succomber, par quelque cause que ce soit, sans qu'il en résultât une véritable calamité.

Il étoit donc du devoir de la Compagnie, d'écarter jusqu'au plus léger soupçon d'un risque semblable. Elle a dû s'y appliquer avec d'autant plus de soin, qu'elle a devant les yeux l'expérience de l'Angleterre, où un établissement, analogue au sien, fut créé dès la fin du siécle dernier.

Ce genre d'entreprise fut laissé, dès le début,

à la concurrence ; & il en eſt réſulté des déſordres dont les Anglois ſe ſont plaints vivement.

Il ſe formoit ſucceſſivement un grand nombre de ſociétés pour aſſurer ſur la vie à l'envi les unes des autres. Quelques-unes, profitant de l'obſcurité où étoit la doctrine des aſſurances, cherchoient bien plus à recueillir beaucoup de primes, qu'à aſſûrer la ſolidité de leurs engagemens par le taux de ces primes.

Pluſieurs Auteurs ont dévoilé ces abus, que la concurrence favoriſoit. Le docteur Price, ſur-tout, a prouvé que les conditions offertes au public par ces ſociétés, & au rabais les unes des autres, préparoient infailliblement leur ruine. Il les compare à *des impoſitions levées ſur le public, à la faveur de l'ignorance & de la folie* ; & il a prédit à ces ſociétés imprudentes, ou coupables, une fin deshonorante.

L'événement a juſtifié ſa prédiction. Les ſeules ſociétés qui ayent proſpéré s'étoient conformées, dès leur origine, aux calculs & aux principes établis depuis par le docteur Price.

Ce citoyen reſpectable, auquel on doit d'avoir mis au grand jour la doctrine des aſſurances ſur vie, n'avoit d'autre intérêt à éclairer les ſociétés qui entreprenoient ces aſſurances, que ſon amour du bien public. Il leur conſeille de calculer attentivement leurs primes, de ne pas craindre de les établir ſur un pied qui leur ſoit avantageux ; en un mot, il leur recommande de la manière la plus forte, de ne point compromettre leurs ſuccès ; & de modifier toujours le calcul exact des mathématiques par celui de la prudence.

Les obſervations du docteur Price ont guidé la Compagnie. Elle s'eſt convaincue que ſi, en Angleterre, les vrais calculs, ſur leſquels repoſent la ſolidité des aſſurances, ont enfin prévalu, ce n'eſt cependant qu'après un combat de rivalité, qui a long-temps retardé l'utilité des aſſurances, & fait un grand nombre de victimes.

La concurrence ſur les objets de conſommation eſt toujours avantageuſe au public. Elle établit de juſtes proportions entre les quantités, les prix & les demandes. Si quelque ſpéculateur imprudent ſe ruine, la certitude de la conſommation empêche que cet évènement n'arrête les entrepriſes ; il ne fait que les rendre plus ſages.

Mais il ne s'agit ici, ni de marchandiſes, ni de denrées plus ou moins néceſſaires ; il ne s'agit non plus d'aucun talent que le privilège condamneroit à l'inaction.

Un privilége exclusif en faveur d'une Compagnie d'assurance sur vie ne sauroit donc être nuisible. Mais il y a plus. Un tel privilége en faveur d'un premier établissement de ce genre, est indispensable pour en assurer le succès au public. En effet, c'est l'unique moyen de réunir promptement un grand nombre d'assurances dans les mains d'une seule Compagnie. Or cette réunion suffit seule pour affranchir le succès de toute espéce de hazard, en bien moins de temps que n'en perdroient à se faire la guerre, plusieurs Sociétés concurrentes.

Et que pourroit-on craindre du privilége momentané de la Compagnie? Contraindra-t-elle les citoyens à se faire assurer? En est-il aucun qui soit exposé à recevoir sa loi? La Compagnie ne se nuiroit-elle pas à elle-même si, sans égard à la critique, elle se livroit, dans la fixation de ses primes, à une cupidité déraisonnable? Enfin, lorsqu'on veut les établir solidement, y a-t-il deux doctrines pour les Assurances sur la vie; peut-on varier à leur égard sur les principes & sur les règles? Sont-ce de nouvelles découvertes à faire, pour lesquelles il faille exciter l'émulation par la concurrence? Le point capital, n'est-il pas que le premier essai des assurances sur vie, n'expose le public à aucun accident?

LA Compagnie doit maintenant rendre compte des régles qu'elle s'est imposées, & des principes qu'elle suivra pour assurer, en tout point, à son établissement, la confiance qu'il doit mériter.

Elle le regarde comme un établissement national, dont la durée ne sauroit être limitée que par son utilité. C'est dire qu'il doit durer autant que la nation même, puisque la nation ne cessera pas de renfermer dans son sein un grand nombre d'hommes, auxquels l'établissement sera profitable.

OBSERVATIONS qui ont dirigé la Compagnie dans le calcul de ses tables, & dans la fixation de ses primes.

APRÈS tout ce que la Compagnie vient de mettre sous les yeux du public, personne ne doutera que des principes rigoureux, & des procédés exacts ne lui soient absolument nécessaires, autant & plus, pour l'intérêt des assurés, que pour les siens propres.

L'HOMME prévoyant, qui s'occupe du sort des siens, après lui, ou de son propre sort dans l'âge avancé; & qui, pour satisfaire à ses devoirs ou à ses sollicitudes, fait des sacrifices pour acquérir, par des annuités différées, ou de simples assurances sur la vie une sûreté contre l'infortune, marchande peu ſur les conditions. Il lui ſuffit qu'elles ne ſoient pas déraiſonnables. Son intérêt principal exige qu'il ne confie ſes primes qu'à un établiſſement ſolidement conſtitué, & régi par une prévoyance ſage & éclairée. En un mot, il voudra pouvoir ſe repoſer dans la plus parfaite ſécurité ſur l'exécution des engagemens des aſſureurs, & vaquer ſans inquiétudes à ſes occupations ordinaires.

Qu'on lui offre des avantages qu'il chercheroit vainement ailleurs, & il ne demandera pas ſi la Compagnie, avec laquelle il contracte, pourroit ſe contenter d'un prix un peu au-deſſous de celui qu'elle exige. Au contraire, il préféreroit entre deux Compagnies, celle qui, préſentant la ſolidité la plus grande, ne ſe piqueroit point d'encourager aux aſſurances par de trop foibles primes (1). Cette

(1) On peut remarquer, à ce ſujet, que les primes hautes n'ont pas empêché les ſociétés angloiſes de proſpérer. Ces primes n'ont rebuté perſonne; tandis que les ſociétés, qui ont voulu tenter, par le bon marché, n'ont eu aucun ſuccès. Les aſſurances maritimes ſont dans le même cas. Quiconque veut ſe faire aſſurer contre un riſque de mer, & acquérir une pleine ſécurité, s'adreſſe encore de préférence aux Compagnies angloiſes les plus chères de toutes; & il eſt remarquable, que les Anglois eux-mêmes n'ont recours, chez eux, aux aſſu-

préférence

préférence ſeroit d'autant plus raiſonnable, que la différence de primes d'une Compagnie à l'autre, ne ſauroit jamais être bien ſenſible pour chaque aſſuré, tandis que ces différences, réunies à une bonne adminiſtration, deviennent la ſource d'une ſolidité à toute épreuve.

Les tables que la Compagnie joint à ſon proſpectus ont été calculées d'après ces obſervations, dont la vérité ne ſauroit être raiſonnablement conteſtée. Ces tables ont été préſentées au Roi; & Sa Majeſté a cru devoir leur accorder la ſanction reſpectable ſous les auſpices de laquelle la Compagnie les offre au public.

Ses primes ſont ſans contredit, à un taux plus élevé que ne l'auroit fixé le calcul rigoureux des mathématiques, en perdant de vue les non-valeurs, les exceptions & les mécomptes (1); mais la Com-

reurs particuliers, dont les primes ſont moins hautes, qu'au refus de leurs ſociétés. La parcimonie, en matière d'aſſurance, eſt une erreur.

(1) En ſe bornant aux calculs renfermés dans les livres Anglois ſur la matière des aſſurances ſur vie, il eſt facile d'offrir au public des primes d'aſſurance, inférieures à celles de la Compagnie. Mais ſe borner à l'égard de ces primes à un travail purement méchanique, eût été bien mal entendre ces

pagnie a dû non-ſeulement avoir égard à ces non-valeurs ; elle a dû encore faire attention aux conditions de ſon établiſſement, aux premiers frais d'un début, & à la lenteur des premières opérations, dans un pays où la théorie & l'uſage des aſſurances ſur la vie ſont preſque généralement ignorés. Enfin la Compagnie a dû obſerver que les perſonnes qui lui ſeront néceſſaires pour établir ſa marche habituelle, pour répandre l'inſtruction, & diriger ſes opérations, doivent être elles-mêmes fort inſtruites & très-intelligentes, & que ces perſonnes ne peuvent ſe trouver que dans une claſſe où l'on prétend à des honoraires conſidérables ; ſur-tout lorſque la nature des occupations exige une application conſtante & un dévouement abſolu (1).

mêmes livres. On n'y recommande rien avec autant de ſoin, aux perſonnes qui veulent faire uſage des calculs qu'ils contiennent, que l'étude des temps, des lieux & des circonſtances.

(1) Quelques perſonnes ont penſé qu'un établiſſement, tel que celui de la Compagnie, pouvoit être formé, ſoit par le Gouvernement lui-même, ſoit par des aſſociés, qui ne ſe réſerveroient aucun bénéfice. Un ſemblable vœu honore ſans doute leur humanité & leur amour pour le bien public ; mais il eſt moralement impoſſible de le réaliſer. Il faudroit tôt ou tard, recourir à une Compagnie, qui trouvât dans le taux des

Déjà la Compagnie, ſuivant le conſeil du docteur Price, a attaché à ſon adminiſtration un Mathématicien profond, habile, & sûr dans ſes calculs.

RÉGLES générales que la Compagnie s'eſt impoſées pour la sûreté & la conſtante utilité de ſon Etabliſſement.

LA Compagnie s'eſt preſcrit rigoureuſement de ne traiter d'aſſurances ſur la vie qu'avec des personnes jouiſſant d'une bonne ſanté, au moment où l'aſſurance lui eſt propoſée. Sans cette précaution, elle ſeroit ſans ceſſe obſédée, & ſes intérêts compromis par des valétudinaires, ou des perſonnes de complexion délicate.

Pour ſe mettre en sûreté à cet égard, elle ne contractera aucune aſſurance ſur la vie des perſonnes domiciliées à Paris, que ſur la foi d'un certificat du Médecin attaché à ſon adminiſtration. Et quant aux tranſactions qu'elle fera dans les provinces, elle prendra des précautions équivalentes.

primes, non-ſeulement le rembours de ſes frais, mais encore un bénéfice, capable de la raſſurer contre toutes les non-valeurs, & de ſoutenir ſes travaux par des avantages proportionnés à ſes ſoins.

La Compagnie se refusera aussi à toute convention, où l'assuré pourroit devenir son débiteur pour des payements successifs, quoiqu'elle ne fût plus dans le cas de payer la somme, ou la rente qu'elle auroit assurées (1).

La Compagnie exigera toujours la plus parfaite connoissance des contractans. Elle ne fera jamais aucune assurance sur la vie d'aucun individu sans son consentement authentique, & sans une déclaration du genre d'intérêt qui détermine cette assurance, & des rapports existans entre la personne qui fait assurer, & l'individu sur la vie duquel l'assurance repose.

La Compagnie, toujours dans le même but de mériter au plus haut degré la confiance publique, suivra, relativement à la répartition des dividendes, des règles, telles que cette répartition n'empêche pas

(1) Tel seroit le cas où la Compagnie auroit fait une assurance payable dans un nombre d'années déterminé, & sur une vie qui s'éteindroit avant que les payemens eussent tous été faits. Dans ce cas, l'assuré n'auroit plus rien à prétendre de la Compagnie, & resteroit cependant son débiteur : c'est ce qu'il faut éviter avec soin.

l'accroiſſement perpétuel de ſon capital. Lorſqu'on ne ſe propoſe pas de produire, ou de favoriſer, dans le public, des mouvemens extraordinaires, & déréglés ſur la valeur des actions, il eſt aiſé de concilier les droits de chaque actionnaire avec cet autre intérêt qu'ils ont également, mais que le public partage avec eux, d'augmenter continuellement les moyens de la Compagnie.

Cette précaution encouragera les actionnaires à conſerver, & s'attacher à une propriété d'autant plus intéreſſante, que ſon amélioration ſera toujours accompagnée de ſervices eſſentiels en faveur de l'humanité.

La Compagnie doit ajouter qu'elle ſe croit obligée envers le public, de faire connoître, par la voie de l'impreſſion, une fois l'an, & d'une manière claire & inſtructive, la véritable ſituation de ſes affaires. Loin qu'elle ſoupçonne aucune raiſon qui doive empêcher la publicité de ſes comptes, elle la regarde, au contraire, comme avantageuſe à ſon établiſſement.

CONCLUSION.

La Compagnie ne sauroit plus rien ajouter d'essentiel à son Prospectus.

Elle a rendu compte des motifs qui l'ont déterminé à désirer un privilége de quinze années. Elle a défini ce qu'on entend en général, par assurance sur la vie. Elle a indiqué le fondement & l'origine de ces assurances ; elle en a développé l'utilité particulière ; Elle a montré que, quelle que soit l'espéce de propriété, dont on jouisse, soit libre, soit incommutable, soit à titre d'usufruit, de pension, de salaire, de rente viagère, ou de revenu fixe ou éventuel produit par l'industrie & le travail, tout homme pourra désormais trouver auprès d'elle divers moyens de s'assurer à lui-même des secours pour l'âge avancé, d'assurer un patrimoine à ses enfans, une subsistance à sa veuve, des récompenses à ses serviteurs, une marque d'attachement à ses parens ou à ses amis, & un gage certain à des créanciers légitimes.

La Compagnie a montré, en même-tems, que toute épargne pouvant servir à procurer ces avantages, il n'eſt point de profeſſion qui ne puiſſe déſormais ſe ſouſtraire à une conſtante pauvreté. Et, quant à l'utilité générale, la Compagnie a montré que ſon établiſſement pouvoit favoriſer un bon uſage des rentes viagères; préſenter un motif de plus au travail; procurer à la nation un nouveau fond d'induſtrie productive. Elle a montré que ſes travaux ſerviroient à l'avancement, & à la perfection de l'arithmétique morale & politique. Elle a indiqué aux actionnaires un moyen de diſpoſer de leurs actions d'une manière doublement avantageuſe pour eux. Enfin elle a rendu compte des principales régles qu'elle ſuivra, tant pour aſſurer le ſuccès de ſon établiſſement, que pour le rendre digne, à tous égards, d'une confiance ſans bornes.

La Compagnie s'eſt attachée à ne préſenter au public, ſur tous ces objets, que des idées vraies, éloignées de toute exagération. Elle va maintenant faire ſes efforts pour réaliſer les avantages dont la nature de ſon entrepriſe eſt ſuſceptible. Elle ſe flatte d'autant plus d'y réuſſir, qu'au milieu d'un peuple ſenſible & généreux, où tout annonce que l'eſprit public fait des progrès, l'inſtruction qu'elle doit répandre, deviendra toujours plus facile.

Cet établiſſement ne peut manquer d'intéreſſer les Sociétés bienfaiſantes. Elles ſe multiplient & s'éclairent tous les jours. La Compagnie s'attend donc à recevoir d'elles, comme la preuve la plus encourageante de leur approbation, qu'elle ambitionne, toutes les remarques & les idées qu'elles jugeront propres à perfectionner & à étendre l'utilité de ſon entrepriſe; la Compagnie les recevra avec reconnoiſſance, & l'on ne doit pas douter de ſon attention à en profiter.

Il n'eſt malheureuſement aucune ſociété politique, qui ne renferme plus d'individus auxquels les ſecours contre l'indigence ſont néceſſaires, que de ceux qui ſont à l'abri de tout beſoin. *LE GRAND ART*, qu'il ſoit permis à la Compagnie de le dire, *LE GRAND MOYEN DE FAIRE PROSPÉRER UNE SOCIÉTÉ AVEC GLOIRE, C'EST DE CRÉER DES SECOURS SANS ATTRISTER, NI AVILIR CEUX QUI S'EN SERVENT.*

Si cette vérité pouvoit être auſſi généralement accueillie qu'elle le mérite; ſi elle excitoit l'art du calcul à développer ſes moyens en faveur du bien public, on ſeroit étonné des encouragemens & des reſſources

ressources qu'il présenteroit à la classe laborieuse ; sans sortir des combinaisons qu'offrent l'intérêt de l'argent, la durée inégale de la vie, & les loix constantes de la mortalité.

C'est là, & là uniquement, qu'on trouvera des moyens avoués par l'humanité éclairée, pour résoudre le problême tant de fois, & jusqu'ici inutilement proposé, de détruire, l'affligeante, la trop excusable & cependant l'intolérable mendicité. L'Angleterre s'achemine à grands pas vers cette heureuse révolution ; & si elle peut un jour la voir consommer, c'est à des établissements semblables à celui de la Compagnie, que le premier honneur en sera dû.

CONDITIONS GÉNÉRALES DE LA COMPAGNIE,

RELATIVEMENT aux Perſonnes qui voudront faire aſſurer, ſur leur Vie, ou ſur celle d'autrui; acquérir des annuités différées, ou faire telle autre tranſaction ſemblable, ou analogue à celles qui ſont indiquées dans le Proſpectus.

ARTICLE PREMIER.

TOUTE perſonne qui déſirera traiter avec la Compagnie pour des aſſurances ſur la vie, ou telle autre tranſaction analogue auxdites aſſurances, fera, au bureau de la Compagnie, toutes les déclarations néceſſaires pour déterminer la nature de l'aſſurance, & ſervir de baſe au contrat.

Le modèle de ces déclarations lui ſera remis au bureau de la Compagnie.

II.

AUSSITÔT que toutes ces formalités préliminaires auront été remplies, & remiſes à la Compagnie, avec les propoſitions, elles ſeront examinées. Si les propoſitions ſont convenables & conformes aux réglemens de la Compagnie, il ſera remis, ſoit à l'aſſuré, ſoit au contractant, une reconnoiſſance dans la forme que la nature du marché exigera, pour rendre l'engagement réciproquement obligatoire.

III.

TOUTE déclaration, fauſſe ou frauduleuſe, par laquelle on auroit ſurpris un engagement à la Compagnie, annullera ledit engagement, lors même que la Compagnie auroit reçu un, ou pluſieurs payements, en conſéquence du marché fait avec elle, d'après ces fauſſes déclarations ; & leſdits payements reſteront acquis à la Compagnie nonobſtant la nullité de la tranſaction.

IV.

DANS les cas d'aſſurance ordinaire, l'engagement de la Compagnie ſera ſuſpendu, ſi l'aſſuré, avant d'avoir fait de nouvelles conventions avec la Compagnie, change d'état ou de profeſſion, s'il ſort du Royaume, ſe met en mer, va à la guerre, ou exerce quelques fonctions militaires; & s'il meurt dans leſdits voyages ou fonctions, l'engagement de la Compagnie ſera annullé, & les primes qu'elle aura reçues lui reſteront acquiſes. Il ſera également annullé au profit de la Compagnie, ſi l'aſſuré meurt de la petite vérole, quoiqu'il ait déclaré l'avoir eue; s'il s'ôte la vie, ou qu'il la perde par duel, ou par ſentence de Juſtice.

V.

LA Compagnie déclare néanmoins que toutes les exceptions contenues dans l'article précédent ne ſeront que pour les cas généraux. Elle prévient qu'elle recevra toutes les propoſitions relatives à tous les cas particuliers où la vie peut être aſſurée, en ſe bornant, à l'égard de ces cas, aux ſeules exceptions légalement néceſſaires.

V I.

DANS tous les cas où l'on s'engagera envers la Compagnie à des payemens annuels, s'ils ne ſont pas faits aux époques convenues, ou, pour le plus tard, deux mois après leurs échéances, l'engagement de la Compagnie ſera ſuſpendu. Il ſera nul, ſi la tête, ſur laquelle l'aſſurance auroit été faite mouroit, depuis l'échéance de ces deux mois, & les primes reçues reſteront acquiſes à la Compagnie.

Mais ſi à l'échéance d'un payement ſubſéquent, le propriétaire de l'aſſurance ſe préſentoit pour l'acquitter, & faire en même-tems le payement arriéré, & qu'il jouiſſe d'une bonne ſanté, l'engagement de la Compagnie reprendra ſa force, telle qu'elle exiſtoit avant le retard du payement arriéré.

Si le propriétaire de l'aſſurance ne ſe préſente pas à ce dernier terme de faveur pour s'acquitter dudit payement, ou qu'il ſe préſente dans un état de maladie, l'engagement de la Compagnie ſera nul dès ce moment, ſans pouvoir reprendre force dans aucun cas, & les primes reçues reſteront acquiſes à la Compagnie.

Les perſonnes qui, prévoyant de ne pouvoir pas continuer leurs payemens, ſe détermineroient à vendre l'engagement de la Compagnie, pour profiter de ſa valeur, devront en offrir la préférence à la Compagnie, conformément à l'art. XI ci-après.

VII.

Les rembourſemens des Capitaux que la Compagnie devra faire pour cauſe de décès, n'auront lieu que ſix mois après que ledit décès aura été notifié à la Compagnie, & à compter du jour de la notification; afin que la Compagnie ait le temps de vérifier, non-ſeulement le décès, mais encore l'identité & les titres des perſonnes auxquelles les rembourſemens devront être faits : ce terme ſera réduit à trois mois pour la ville de Paris.

Il en sera de même dans les cas où la Compagnie devra payer une rente, laquelle néanmoins prendra date du jour du décès.

Les héritiers, ou propriétaires du capital, ou de la rente qui leur seront échus, devront fournir à leurs frais tous les certificats ou documens nécessaires pour établir leurs droits; & s'il survenoit à cet égard quelque contestation entre la Compagnie & lesdits héritiers, ou propiétaires, on s'en rapportera, de part & d'autre, à la décision d'un jurisconsulte choisi du commun consentement des parties, ou tiré au sort sur le nombre de cinq, indiqués par elles; sans préjudice cependant du recours aux Tribunaux qui devront en connoître.

VIII.

DANS le cas où les transactions entre les assurés & la Compagnie exigeront des frais, ils seront à la charge de l'assuré.

IX.

LA Compagnie, à raison des avances considérables qu'entraîne son établissement, retiendra cinq pour cent sur les remboursemens de capitaux qu'elle devra faire, ou sur les rentes ou annuités qu'elle devra payer. Les annuités différées, capitaux ou rentes échues aux actionnaires, qui auront déposé des actions dans la caisse d'épargnes, qui leur est particulière, seront seules exemptes de toute retenue.

X.

LORSQU'IL sera échu des annuités différées ou des rentes, en vertu d'un Traité fait avec la Compagnie, il en sera passé un nouveau contrat, pour fixer l'époque des payements.

Il dépendra desdits propriétaires de se contenter d'un engagement pur & simple de la Compagnie, ou d'exiger un acte public. L'acte, ou l'engagement, feront mention des formalités que les propriétaires devront remplir, chaque fois qu'ils se présenteront pour recevoir leur annuité, ou leurs rentes, lesquelles formalités seront convenues de gré à gré entr'eux & la Compagnie, conformément aux lieux que lesdits propriétaires habiteront.

XI.

LA Compagnie se reserve expressement, & se reservera dans toutes les conventions qui auront lieu avec elle, que dans le cas où le propriétaire d'un engagement quelconque à la charge de la Compagnie, voudroit le vendre, la préférence en sera donnée à ladite Compagnie, à prix égal. Elle entend payer lesdits engagements à leur valeur, sans prétendre mettre obstacle au plus haut prix que le propriétaire pourroit en retirer. Le but de la Compagnie, en se reservant cette préférence, est uniquement d'éviter les abus qui pourroient se glisser, au préjudice des assurés, dans l'estimation de ses engagements, au préjudice des Propriétaires.

XII.

La Compagnie, desirant favoriser de tout son pouvoir les petites épargnes, recevra dès-à-présent dans une caisse destinée à cet objet, depuis douze livres, les sommes qu'on voudra employer en assurances sur la vie, à l'acquisition d'annuités différées, ou à telle autre transaction. Elle gardera lesdites sommes en dépôt, jusqu'à ce que leur propriétaire les ait portées au moins à cent livres, c'est-à-dire à la moindre somme que la Compagnie admettra aux assurances. Et pour favoriser d'autant plus ces épargnes, la Compagnie en bonifiera l'intérêt sur le pied de quatre pour cent. Ces intérêts auront lieu à compter de la fin du mois dans lequel le dépôt aura été fait, & seront ajoutés au capital, aussi-tôt que l'emploi en sera déterminé.

Et pour se conformer d'autant mieux à l'esprit de son établissement, & à son *Prospectus*; la Compagnie recevra en général toutes les sommes, même considérables, qu'on voudra déposer chez elle, pour en accumuler les intérêts pour le compte des dépositaires. Elle bonifiera lesdites accumulations sur le pied de quatre pour cent l'an, lors même que les dépositaires ne voudroient pas les employer à des assurances, ou à l'acquisition d'*Annuités différées*,

EXPLICATION

DES quatre Tables jointes au présent Prospectus (1).

PREMIÈRE TABLE.

CETTE Table a pour objet les assurances simples sur la vie. Elle indique ce qu'il en coûtera pour

(1) Quelques personnes trouveront peut-être que la Compagnie auroit dû fixer ses primes à un taux plus bas. Mais outre qu'elles sont en général au-dessous des primes Angloises, il eût été imprudent de les rabaisser davantage jusqu'à ce que l'expérience ait répandu plus de lumières en France sur ce genre de calcul. En attendant la Compagnie ne doit point s'exposer à perdre par des primes trop basses. Il est inutile d'en répéter les raisons.

faire assurer sur une tête de tel âge, & pour tel nombre d'années qu'on voudra. La somme assurée sera payée au survivant ayant droit, lors du décès, duement constaté, de la tête sur laquelle repose l'assurance.

Si, par exemple, l'on veut faire assurer cent livres sur une tête âgée de dix ans, & pour sa vie entière, cette assurance coûtera annuellement, jusqu'au décès de la tête, deux livres, six sols, six deniers. Si l'on préfére de s'acquitter en une seule fois, on traitera de gré à gré avec la Compagnie.

La même table contient les prix d'assurances, pour les cas où l'on ne voudra faire assurer que pour un nombre d'années limité.

Si, par exemple, l'on veut faire assurer cent livres pendant une année, sur une tête de huit ans, on verra, par la table, qu'il en coûtera une livre, dix-neuf sols, neuf deniers.

Cette table présente le moyen de convertir les rentes viagères en rentes perpétuelles très-avantageuses. Si, par exemple, on fait assurer une rente viagère de cent livres sur une tête de huit ans, & que cette rente ait coûté mille livres, on sera remboursé d'une pareille somme, au décès de la tête assurée, & en attendant ce décès, les mille livres auront rendu près de ſept & trois quarts pour cent par an.

L'aſſurance ſur la vie entière, s'applique à tous les cas où l'on voudra, chaque année de ſa vie, ſacrifier une partie de ſes épargnes, ou de ſon revenu, pour laiſſer après ſoi, à une autre perſonne, un capital proportionné à ce ſacrifice.

L'aſſurance pour un nombre d'années limité, eſt utile dans tous les cas où l'on a beſoin d'emprunter pour un certain terme, & où le riſque de mort y met obſtacle.

Elle s'applique à tous les cas où la perſpective d'une fortune plus ou moins éloignée, dépend de la durée de la vie pendant un certain nombre d'années, & où, en attendant cette fortune, les riſques d'une mort prématurée expoſent une femme, ou des enfans à tomber dans l'infortune. Le chef de famille prévient ce malheur, en faiſant aſſurer un capital ſur ſa tête, juſqu'à ce qu'il ſoit en poſſeſſion de la fortune qu'il attend.

Enfin l'aſſurance, pour un nombre d'années limité, s'applique aux divers cas où l'on veut faire des avances, qui courroient riſque d'être perdues pour des héritiers, ou pour des créanciers, ſi le propriétaire de ces avances venoit à mourir avant qu'il ait pu les recouvrer.

MANIÈRE de se servir de la première Table.

N. âgé de vingt ans, veut savoir ce qu'il devra payer pour faire assurer cent livres sur sa tête pour une année.

Il cherche d'abord son âge sur la première colonne à gauche ; puis en suivant la ligne horizontale, depuis son âge, il trouvera dans la seconde colonne, qu'il doit payer pour cette assurance une prime de deux livres, six deniers.

S'il veut faire assurer plus de cent livres, il doublera, triplera, &c. la prime, selon le nombre de cent livres qu'il voudra faire assurer. Si, par exemple, il veut faire assurer mille livres, il payera dix fois la prime de deux livres, six deniers. S'il veut faire assurer cent cinquante livres, il payera une fois & demi la même prime ; c'est-à-dire trois livres, neuf deniers, &c. &c.

S'il veut faire assurer pour deux, trois, quatre, cinq ans, ou toute la vie, il trouvera sur la même ligne que son âge, le prix de ces diverses assurances, dans des colonnes destinées à ces cas.

TABLE Iere

Où l'on voit ce qu'une Personne en parfaite santé doit payer au commencement de chaque année, pour qu'il soit du 100 liv. à son décès, soit qu'elle meure dans l'espace de 1, 2, 3, 4 & 5 ans, ou en quelque temps que la mort arrive.

AGE de l'assuré	PRIX TOTAL DE L'ASSURANCE.					Paiement annuel pour toute la vie.
	pour 1 an.	pour 2 ans.	pour 3 ans.	pour 4 ans.	pour 5 ans.	
	liv. sol. d.	liv. sol. d.	liv. sol. d.	liv. sol. d.	liv. sol. d.	liv. sol. d.
8	1 19 9	3 8 6	4 12 3	5 14 3	6 15 6	2 5 6
10	1 6 6	2 11 »	3 14 6	4 17 »	5 18 9	2 6 6
15	1 6 9	2 13 9	4 2 3	5 12 »	7 2 6	2 13 3
20	2 » 6	4 1 »	6 » »	7 17 6	9 13 6	3 » 9
25	2 5 6	4 9 3	6 11 3	8 11 9	10 10 6	3 7 3
30	2 9 6	4 17 »	7 2 6	9 6 3	11 8 6	3 14 9
35	2 14 »	5 6 »	7 15 9	10 3 9	12 10 »	4 [illegible] 3
40	3 » 6	5 19 3	8 16 6	11 11 6	14 4 3	4 16 »
45	3 9 3	6 16 »	10 » »	13 1 6	16 1 6	5 10 6
50	4 1 9	8 1 6	11 18 »	15 11 6	19 2 6	6 9 3
55	4 16 9	9 9 6	13 19 »	18 4 9	22 7 6	7 12 6
60	5 16 3	11 7 9	16 18 »	22 4 »	27 » 9	9 3 6

N. B. On n'a point mis dans cette Table le prix total de l'assurance pour la vie entière. En voici la raison. Dans un grand nombre de cas, il convient de faire assurer sur la vie entière, en payant des primes *annuelles*, parce que ces primes sont, le plus souvent, des épargnes qu'on ne pourroit pas mieux employer; mais les cas où il convient d'acquitter en un seul paiement une assurance sur la vie entière, sont infiniment rares: lorsqu'ils se présenteront, l'on pourra en traiter de gré à gré avec la Compagnie; alors elle proportionnera cette prime unique aux circonstances.

Les personnes qui voudront faire assurer pour un nombre d'années fixe, autre que celui contenu dans la Table ci-dessus, payeront une prime proportionnée à leur intention, laquelle Prime leur sera indiquée au Bureau de la Compagnie.

SECONDE TABLE.

LA ſeconde table préſente le prix d'aſſurance ſur deux vies. Il faut obſerver qu'elle eſt calculée pour le cas où l'une des têtes *déſignée d'avance*, ſurvivroit à l'autre.

Si, par exemple, *François*, âgé de vingt ans, & *Martin*, âgé de quarante, veulent faire aſſurer cent livres de capital, pour être payées à *François*, ſuppoſé qu'il ſurvive à *Martin*; on verra par la table qu'il en coutera quatre livres, cinq ſols, ſix deniers, par année, juſqu'à la mort de l'un ou de l'autre.

Cette table s'applique aux cas où un mari voudra aſſurer un capital à ſa femme, ſi elle lui ſurvit; un frère à ſa ſœur; un ami à ſon ami; *& vice verſâ.*

Elle s'applique auſſi à l'aſſurance des douaires.

Par exemple, M, âgé de trente ans, veut épouſer F, âgée de vingt ans, mais on exige qu'il lui aſſure un douaire de vingt mille livres une fois payées, s'il meurt avant elle. Il cherche l'âge de trente ans ſous la colonne M; & celui de vingt dans l'accolade appartenante à ſon âge, ſous la colonne F. Il trouve qu'il devra payer annuellement trois livres, cinq ſols, neuf deniers, pour cent livres;

c'eſt-à-dire, ſix cent cinquante-ſept livres, dix ſols, pour vingt mille livres.

Si dans le cours du mariage quelqu'événement change la néceſſité d'aſſurer le douaire, il ceſſera d'être aſſuré en ceſſant le payement de la prime.

Cet exemple indique la manière de ſe ſervir de cette Table.

On a ſuppoſé dans cette Table que l'aſſurance aura un capital pour objet. Si l'on préfère de contracter avec la Compagnie pour une rente viagère en faveur du ſurvivant, il en ſera traité de gré à gré.

TABLE IIme

PRIMES annuelles à payer pendant la durée de deux vies unies pour assurer à F. seulement, 100 liv. ou une rente équivalente, dans le cas où F. survivroit à M.

AGE de M.	AGE de F.	PRIMES à payer annuellement: liv.	s.	d.	AGE de M.	AGE de F.	PRIMES à payer annuellement. liv.	s.	d.
10	10	2	»	6	40	10	4	3	9
	20	2	2	3		20	4	5	6
	30	2	1	6		30	4	3	6
	40	2	»	9		40	4	1	»
	50	2	»	»		50	3	17	6
	60	1	18	9		60	3	13	»
	70	1	17	3		70	3	8	6
	80	1	15	»		80	3	2	9
20	10	2	11	6	50	10	5	15	6
	20	2	13	3		20	5	17	6
	30	2	12	»		30	5	15	3
	40	2	10	9		40	5	12	6
	50	2	9	6		50	5	7	6
	60	2	7	9		60	4	19	9
	70	2	5	6		70	4	11	6
	80	2	2	6		80	4	2	3
30	10	3	4	3	60	10	8	8	3
	20	3	5	9		20	8	10	9
	30	3	4	3		30	8	8	»
	40	3	2	3		40	8	5	»
	50	3	»	3		50	8	»	9
	60	2	17	6		60	7	10	»
	70	2	14	9		70	6	13	3
	80	2	10	6		80	5	16	3

TROISIÈME

TROISIÉME TABLE.

La troisiéme table est calculée pour le cas où l'on voudra que le capital, soit payé indiféremment *à celui des deux qui survivra à l'autre.*

Cette table s'applique aux circonstances où deux conjoints, ou associés, ont des rentes, ou une industrie, qui cessent ou s'affoiblissent par la mort de l'un d'eux.

Manière de se servir de la troisième Table.

C, âgé de trente-cinq ans, & D, âgé de quarante ans, veulent savoir ce qui leur en coutera pour faire assurer cent livres, payables à celui des deux qui survivra à l'autre. Ils chercheront dans l'une des premières colonnes, à gauche, le nombre 35; & le nombre 40, dans l'accolade appartenante au nombre trente-cinq. Ils trouveront que cette assurance leur coutera une prime annuelle de sept livres, douze sols, neuf deniers. Ils payeront une prime proportionnellement plus forte, s'ils veulent faire assurer plus de cent livres. L'assurance cessera en cessant le payement des primes.

On a supposé dans cette Table, comme dans la précédente, que l'assurance aura un capital pour objet. Si l'on préfére de contracter avec la Compagnie pour une rente viagère en faveur du survivant, il en sera traité de gré à gré.

L

TABLE IIIme

PRIMES annuelles à payer pendant la durée de deux vies réunies pour assurer 100 liv. à la tête qui survivra.

Ages.		Primes annuelles. l.	ſ.	d.
10	10	4	1	0
	15	4	6	9
	20	4	13	9
	25	4	19	0
	30	5	5	6
	35	5	13	9
	40	6	4	6
	45	6	17	9
	50	7	15	3
	55	8	17	3
	60	10	6	9
15	15	4	13	0
	20	4	19	6
	25	5	4	9
	30	5	11	3
	35	5	19	3
	40	6	10	0
	45	7	3	3
	50	8	0	6
	55	9	2	6
	60	10	11	9
20	20	5	6	3
	25	5	11	6
	30	5	17	9
	35	6	6	»
	40	6	16	3
	45	7	9	6
	50	8	6	»
	55	9	8	9
	60	10	18	3
25	25	5	16	6
	30	6	2	6
	35	6	10	3
	40	7	»	6
	45	7	13	6
	50	8	10	9
	55	9	12	3
	60	11	1	6
30	30	6	8	3
	35	6	15	9
	40	7	5	9
	45	7	18	6
	50	8	15	6
	55	9	16	6
	60	11	5	6
35	35	7	3	»
	40	7	12	9
	45	8	5	»
	50	9	1	3
	55	10	2	3
	60	11	10	9
40	40	8	2	»
	45	8	9	9
	50	9	9	9
	55	10	10	«
	60	11	18	0
45	45	9	5	0
	50	10	0	6
	55	11	0	0
	60	12	7	3
50	50	10	15	0
	55	11	13	9
	60	13	0	3
55	55	12	11	6
	60	13	16	6
60	60	14	19	9

QUATRIEME TABLE.

Cette Table renferme le prix des *Annuités différées.* Voyez leur définition aux pages 9 & 10 du *Prospectus*; leurs convenances aux pages 33 & 34; & les conditions aux art. 1, 2, 3, 4, 8, 9, 10 & 11 des conditions générales de la Compagnie, pages 66 & suivantes.

On désigne, dans cette Table, par le mot d'*Annuitant*, la personne sur la vie de laquelle l'Annuité repose.

Si le prix de l'Annuité est convenu en un seul paiement, ce paiement sera fait au moment de la transaction.

Si ce prix est convenu en paiemens annuels, le premier de ces paiemens se fera au moment de la transaction, & les autres successivement d'année en année.

On entend par le *terme* de l'*Annuité différée*, le jour auquel il est convenu que l'Annuité commencera à être due, & que le dernier paiement annuel devra être fait.

C'est à ce jour que l'Annuitant aura l'option entre le capital & la rente viagère soit Annuité différée.

S'il préfére l'Annuité, elle commencera à lui être payée un an après.

S'il choisit le capital, il le recevra au moment même, sous la déduction de son dernier paiement annuel, qu'il feroit le même jour, dans le cas où il donneroit la préférence à l'Annuité.

C'est sur cette hypothèse que les Tables d'*Annuités différées* ont été calculées, & qu'on a fixé la quotité des paiemens annuels.

MANIÈRE de se servir de la Table des Annuités différées.

PREMIER EXEMPLE.

N.... Père ou Parrain d'un enfant qui vient de naître, veut acquérir pour cet enfant, au moment de sa naissance, un capital de cent livres payable au bout de vingt ans, si l'enfant est vivant à l'expiration de ce terme. Il veut voir ce que cette acquisition lui coûtera.

Il jette les yeux sur la première colonne, (pag. 91.) où sont les âges des Annuitans, & s'arrête à l'âge, zero qui représente la naissance. Il suit la ligne horizontale depuis zero à la caze D, servant pour la durée de vingt ans révolus. S'il cherche le paiement total, il trouve qu'il doit être de trente livres, treize sols neuf deniers. S'il cherche le paiement annuel, il trouve qu'il doit être de deux livres, dix-ſept ſols, neuf deniers, pendant vingt ans, ſuppoſé que l'enfant ne meure pas avant ce terme.

Si l'enfant arrive à ce terme, il ſera le maître de recevoir cent livres, ou cinq livres, onze ſols, ſix deniers, de rente viagère. (1)

Les paiemens annuels ceſſent, ou avec la vie de l'enfant, s'il meurt avant vingt ans révolus, ou à l'expiration de vingt ans, s'il arrive à cet âge.

DEUXIÉME EXEMPLE.

N.... âgé de vingt ans, ſe propoſe d'acquérir au bout de trente années, s'il vit juſqu'à ce terme, un capital de cent livres, ou une rente viagère équivalente à ce capital. Il veut ſavoir ce que cette acquiſition lui coûtera.

Il cherche ſon âge dans la première colonne (pag. 92.) & ſuit depuis vingt, la ligne horizontale, juſqu'à la caze F, deſtinée à la durée de trente ans révolus. S'il cherche le paiement total, il trouve dans cette caze qu'il doit être de vingt-quatre livres, dix-huit ſols, ſix deniers. S'il cherche le paiement annuel,

(1) Voyez pag. 88 à 89 les obſervations ſur les rentes viagères.

il trouve qu'il doit être, d'une livre, neuf ſols neuf deniers.

Les trente années révolues, & l'Annuitant vivant, il choiſira entre un paiement de cent livres; ou une rente viagère de ſept livres, dix-neuf ſols, ſix deniers.

Les paiemens annuels ceſſent, ou avec la vie de l'Annuitant, s'il meurt dans l'intervalle de trente années, ou à l'expiration de ces trente années, s'il arrive au bout de ce terme.

La Table n'étant calculée que pour cent livres, les paiemens ſe proportionnent à la ſomme que l'on veut acquérir. Ils doublent ſi l'on veut acquérir deux-cens livres, triplent pour trois-cens livres, ainſi de ſuite.

Et comme elle eſt calculée pour des époques de cinq en cinq ans, on fera un calcul particulier chaque fois que les Annuitans ſe trouveront placés entre ces époques.

On en fera de même pour le cas, où ſoit le capital, ſoit la rente qu'on voudroit acquérir, repoſeront ſur la vie de deux ou pluſieurs têtes; & même en ſuppoſant le cas où l'une des têtes que l'on déſignera, ſurvivra à telle ou telle autre tête.

TROISIÉME EXEMPLE.

N.... âgé de vingt-cinq ans, peut économiser cent livres chaque année. Il veut savoir quel capital ou quelle rente viagère, cette épargne lui procureroit par l'intervention de la Compagnie, pour en jouir au bout de vingt-cinq ans, s'il est encore vivant à l'expiration de ce terme.

Il cherche son âge dans la première colonne (pag. 92.) Il suit la ligne horizontale depuis son âge jusqu'à la caze E, & il trouve que pour deux livres, un sol, payées annuellement, il auroit, à l'expiration de vingt-cinq ans, s'il est vivant, un capital de cent livres, ou une rente viagère de sept livres, dix-neuf sols, six deniers.

Il fait la régle de proportion, & il trouve qu'en payant annuellement cent livres à la Compagnie, il pourra, au bout de vingt-cinq ans révolus, recevoir un capital de quatre mille, huit-cens, soixante-dix-huit livres, ou une rente viagère de trois-cens quatre-vingt-neuf livres.

LES Actionnaires qui voudront déposer des actions dans la Caisse destinée pour ceux d'entr'eux qui acquéreront en même-tems des *Annuités différées*, trouveront dans cette Table le résultat en Annuités, de la partie des dividendes qu'ils voudront consacrer à cette acquisition.

La Table des *Annuités différées* servira aux personnes qui voudront placer de l'argent pour de courts termes, à intérêt viager composé, ainsi qu'il en est fait mention aux pages 28, 29 & 34 du *Prospectus*.

L'exemple ci-dessus indiquera comment on doit procéder pour connoître le résultat des épargnes qu'on voudra faire fructifier de cette manière, en laissant le risque de la mort à l'avantage de la Compagnie.

La manière de se servir de la Table est toujours la même, quelle que soit la somme qu'on veuille placer, l'âge auquel on place, & le terme auquel on veut jouir du produit de cette somme en rente viagère ou en capital.

Observations sur les Rentes viagères, portées par la Table IV.

En comparant les rentes viagères, portées par cette Table, avec celles des emprunts publics, les premières paroîtront modiques, sur-tout dans les bas âges; mais indépendamment des réflexions qui se présentent naturellement sur un établissement tel que celui de la Compagnie, il faut observer,

1° Que la Compagnie ne peut pas proportion-

ner

ner la rente viagère à tous les âges, ſans qu'elle ſoit moins forte pour le bas âge, que pour l'âge avancé; & en ſuivant la Table, on verra que le taux de la rente viagère s'éléve à meſure que l'âge s'accroît, enſorte que les rentes pour l'âge avancé ſont plus conſidérables qu'on n'en trouveroit nulle part. Par exemple; ſi un particulier âgé de cinquante-cinq ans, vouloit acquérir, pour en jouir au bout de dix ans, une rente viagère, équivalente à cent livres de capital, il recevroit, à l'expiration de ce terme, environ douze & demi pour cent.

2° Que l'on ſera maître, lorſqu'on ne trouvera pas la rente viagère aſſez conſidérable, de choiſir le capital.

AVERTISSEMENT.

De plus grandes explications groſſiroient inutilement le volume de ce *Proſpectus*. Toute perſonne, en faiſant connoître par écrit, à la Compagnie, le cas auquel elle déſire de pourvoir par ſon intervention, recevra le plus promptement poſſible les explications qui pourront ſervir à la déterminer.

Pour peu que les cas ſoient compliqués, il eſt important de les expoſer par écrit, c'eſt l'unique moyen de parvenir promptement à des arrangemens.

TABLE IVme.

ANNUITÉS DIFFÉRÉES.

TABLE de ce qu'on doit payer en une seule fois, ou annuellement, pour recevoir, à l'expiration d'un certain nombre d'années convenu, si l'on est vivant, un Capital de *cent livres*, ou une Rente viagère proportionnée, tant à ce Capital qu'à l'âge auquel le payement de ladite Rente, soit de l'Annuité différée commencera.

I	A			B		
Age de l'Annuitant.	*Terme* de l'Annuité différée au bout de 5 ans.			*Terme* de l'Annuité différée au bout de 10 ans.		
	Payements.		Annuité viagère équivalente à 100 liv.	Payements.		Annuité viagère équivalente à 100 liv.
	Total.	Annuel.		Total.	Annuel.	
	liv. s. d.	liv. s. d.	liv. s. d.	liv. s. d.	liv. s. d.	liv. s. d.
0	61 5 3	13 14 »	5 6 6	47 15 9	6 15 6	5 5 3
5	79 2 3	14 16 6	5 5 3	64 5 »	7 6 »	5 8 »
10	81 15 3	15 1 »	5 8 »	66 4 6	7 7 »	5 11 6
15	81 9 9	15 » 3	5 11 6	65 8 6	7 5 9	5 14 9
20	80 16 3	14 19 »	5 14 9	64 14 3	7 5 3	5 19 »
25	80 12 3	14 18 9	5 19 »	64 7 9	7 4 9	6 4 3
30	80 10 »	14 18 9	6 4 3	64 7 9	7 4 9	6 12 »
35	80 10 »	14 18 9	6 12 »	64 7 3	7 4 9	7 3 9
40	80 10 »	14 18 6	7 3 9	63 11 9	7 3 6	7 19 6
45	79 11 »	14 16 3	7 19 6	61 1 3	6 19 9	8 19 »
50	77 7 9	14 12 »	8 19 »	57 17 »	6 15 9	10 5 9
55	75 9 9	14 8 »	10 5 9	54 15 9	6 11 6	12 8 9
60	73 8 3	14 3 9	12 8 9	49 5 9	6 4 »	15 12 9
65	68 2 9	13 11 3	15 12 9	38 18 6	5 6 9	20 4 3
70	59 10 »	12 12 3	20 4 3	28 19 »	4 7 »	27 16 »

SUITE de la Table des Annuités différées.

I	C			D		
Age de l'Annuitant.	Terme de l'Annuité différée au bout de 15 ans.			Terme de l'Annuité différée au bout de 20 ans.		
	Payements.		Annuité viagère équivalente à 100 liv.	Payements.		Annuité viagère équivalente à 100 liv.
	Total.	Annuel.		Total.	Annuel.	
	liv. f. d.	liv. f. d.	liv. f. d.	liv. f. d.	liv. f. d.	liv. f. d.
0	38 3 3	4 4 9	5 8 »	30 13 9	2 17 9	5 11 6
5	51 15 »	4 9 6	5 11 6	41 2 9	3 » »	5 14 9
10	52 6 9	4 9 3	5 14 9	41 19 6	3 » »	5 19 »
15	52 2 6	4 8 6	5 19 »	41 4 6	2 19 3	6 4 3
20	51 8 3	4 8 »	6 4 3	40 13 9	2 19 »	6 12 »
25	51 4 »	4 8 »	6 12 »	40 10 6	2 19 »	7 3 9
30	51 2 6	4 8 »	7 3 9	39 19 3	2 18 3	7 19 6
35	50 11 »	4 7 »	7 19 6	38 7 3	2 16 3	8 19 »
40	48 10 »	4 4 3	8 19 »	35 16 3	2 12 9	10 5 9
45	45 6 9	4 » 9	10 5 9	32 9 »	2 10 »	12 8 9
50	41 13 »	3 17 »	12 8 9	27 9 6	2 4 9	15 12 9
55	36 8 »	3 10 »	15 12 9	20 17 6	1 16 3	20 4 3
60	28 10 »	2 18 9	20 4 3	13 8 3	1 5 9	27 16 »
65	18 19 3	2 4 »	27 16 »	6 9 3	» 14 6	41 5 »
70	9 19 6	1 8 »	41 5 »	1 18 »	» 5 3	84 4 »

SUITE de la Table des Annuités différées.

I	E			F		
Age de l'Annuitant.	Terme de l'Annuité différée au bout de 25 ans.			Terme de l'Annuité différée au bout de 30 ans.		
	Payements.		Annuité viagère équivalente à 100 liv.	Payements.		Annuité viagère équivalente à 100 liv.
	Total.	Annuel.		Total.	Annuel.	
	liv. s. d.	liv. s. d.	liv. s. d.	liv. s. d.	liv. s. d.	liv. s. d.
0	24 4 6	2 1 »	5 14 9	19 » 9	1 9 9	5 19 »
5	32 11 »	2 2 3	5 19 »	25 10 9	1 10 9	6 4 3
10	33 17 »	2 2 »	6 4 9	26 » 6	1 10 6	6 12 »
15	32 10 6	2 1 9	6 12 »	25 11 9	1 10 3	7 3 9
20	32 2 »	2 1 6	7 3 9	24 18 6	1 9 9	7 19 6
25	31 11 3	2 1 »	7 19 6	22 15 6	1 8 9	8 19 »
30	30 4 »	1 19 6	8 19 »	22 2 6	1 7 »	10 5 9
35	28 4 »	1 17 3	10 5 9	20 » 6	1 5 »	12 8 9
40	25 10 6	1 14 9	12 8 9	16 13 9	1 1 6	15 12 9
45	21 6 »	1 10 3	15 12 9	12 1 9	» 16 6	20 4 3
50	15 13 »	1 4 »	20 4 3	7 5 9	» 11 »	27 16 »
55	9 15 3	» 16 3	27 16 »	3 6 »	» 5 6	41 5 »
60	4 11 »	» 8 6	41 5 »	» 17 3	» 1 9	84 4 »
65	1 4 9	» 2 9	84 4 »			

SUITE de la Table des Annuités différées.

I	G			H		
Age de l'Annuitant.	*Terme* de l'Annuité différée au bout de 35 ans.			*Terme* de l'Annuité différée au bout de 40 ans.		
	Payements.		Annuité viagère équivalente à 100 liv.	Payements.		Annuité viagère équivalente à 100 liv.
	Total.	Annuel.		Total.	Annuel.	
	liv. f. d.	liv. f. d.	liv. f. d.	liv. f. d.	liv. f. d.	liv. f. d.
0	14 17 9	1 2 3	6 4 »	11 13 »	» 16 9	6 12 »
5	20 » 3	1 2 9	6 12 »	15 14 »	» 17 3	7 3 9
10	20 8 9	1 2 9	7 3 9	15 16 »	» 17 »	7 19 6
15	19 16 6	1 2 3	7 19 6	14 17 »	» 16 3	8 19 »
20	18 14 6	1 1 3	8 19 »	13 13 3	» 15 »	10 5 9
25	17 7 6	1 » »	10 5 9	12 5 6	» 13 9	12 8 9
30	15 13 6	» 18 3	12 8 9	10 4 »	» 11 9	15 12 9
35	13 1 3	» 15 9	15 12 9	7 7 6	» 8 9	20 4 3
40	9 9 »	» 12 »	20 4 3	4 7 6	» 5 6	27 16 »
45	5 12 3	» 7 9	27 16 »	1 17 9	» 2 9	41 5 »
50	2 9 3	» 3 9	41 5 »	» 9 6	» » 9	84 4 »
55	» 12 6	» 1 »	84 4 »			

SUITE de la Table des Annuités différées.

I	J			K		
Age de l'Annuitant.	*Terme* de l'Annuité différée au bout de 45 ans. Payements. Total.	Annuel.	Annuité viagère équivalente à 100 liv.	*Terme* de l'Annuité différée au bout de 50 ans. Payements. Total.	Annuel.	Annuité viagère équivalente à 100 liv.
	liv. ſ, p.	liv. ſ. d.	liv. ſ. d.	liv. ſ. d.	liv. ſ. d.	liv. ſ. d.
0	9 2 3	» 12 9	7 3 9	7 » 3	» 9 9	7 19 6
5	12 2 6	» 13 »	7 19 6	9 1 3	» 9 6	8 19 »
10	11 16 6	» 12 3	8 19 »	8 12 »	» 8 9	10 5 9
15	10 16 6	» 11 6	10 5 9	7 12 6	» 8 »	12 8 9
20	9 12 9	» 10 6	12 8 9	6 5 »	» 6 9	15 12 9
25	7 19 6	» 8 9	15 12 9	4 9 9	» 5 »	20 4 3
30	5 15 »	» 6 6	20 4 3	2 13 3	» 3 »	27 16 »
35	3 8 3	» 4 »	27 16 »	[illegible] 3 »	» 1 6	41 5 »
40	1 9 6	» 2 »	41 5 »	» 5 9	» » 6	84 4 »
45	» 7 3	» » 6	84 4 »			

MODÉLE D'UNE DÉCLARATION à faire par la Personne qui veut faire assurer une somme quelconque *sur sa propre Vie & pour toute sa durée.*

JE SOUSSIGNÉ . . . . né le . . . . du mois de . . . . . . en l'année . . . . à . . . . Paroisse de . . . . en la Province de . . . . demeurant présentement à . . . . Paroisse de . . . . en la Province de . . . . (*) . . . . désire de faire Assurer la somme de . . . . . sur . . . . propre Vie, & pour toute sa durée. Je certifie en outre que les Noms, Surnoms, Qualités & autres Descriptions ci-dessus sont conformes à la vérité, & . . . . appartiennent bien réellement . . . . J'affirme de plus que . . . . eu la petite vérole. En foi de quoi j'ai signé à . . . . le . . . . du mois de . . . . de l'année . . . .

N. B. La Personne qui veut faire assurer *sur sa propre Vie & pour toute sa durée*, doit remplir ou faire remplir tous les blancs de cette Déclaration, & la signer, y insérer exactement ses Noms & Surnoms, son Etat & Profession à la marque (*), le jour, le lieu de sa naissance, en consultant son Extrait Baptistaire, le lieu de sa demeure actuelle, la somme qu'elle désire être assurée, & si elle a eu ou non la petite vérole. — Si cette Personne est une femme qui soit ou ait été mariée, elle doit mentionner le nom de son mari. — Et, dans le cas où la Personne ne sauroit pas écrire, elle devra faire intervenir une Personne connue de son voisinage, qui fera la Déclaration, & comparoîtra avec elle devant le Curé, l'Officier de Justice, ou telle autre personne connue, qui fera l'attestation d'identité, & aussi devant le Médecin.

Instruction pour l'Attestation d'identité & pour l'attestation du Médecin.	Attestation d'identité, ou Certificat que devra produire toute personne qui ne sera pas connue de l'Administration.	Causes de nullité.
	Déclaration du Médecin.	Avertissement.

MODÉLE DE LA POLICE D'ASSURANCE, qui aura lieu en conséquence de la susdite Déclaration.

NOUS Soussignés, ADMINISTRATEURS DE LA COMPAGNIE ROYALE D'ASSURANCE SUR LA VIE, créée par Arrêt du Conseil, du 3 Novembre 1787, reconnoissons avoir assuré la somme de . . . . . . sur la Vie de . . . . . . en conséquence de la Déclaration . . . . . . dont la Copie est ci-derrière, & dont l'Original reste en nos mains : Pour la Prime de laquelle Assurance, fixée & convenue à . . . . . . par chaque année, il nous a été payé comptant la somme de . . . . . . pour la première année : Au moyen duquel payement, & de l'engagement que prend . . . . . de payer chaque année à la Compagnie, pendant la durée entière de la Vie . . . . pareille somme de . . . . . dont le prochain payement échoira, & sera fait dans un an, à compter de ce jour ; Nous promettons, au nom de ladite Compagnie, de payer . . . . mois après le décès . . . . duement justifié, à . . . . . . la somme de . . . .

Auquel payement Nous obligeons & affectons tous les fonds & Capitaux que la Compagnie pourra acquérir par l'exploitation de son entreprise, & par Privilége spécial, la somme de huit millions, par Elle déposée à l'Hôtel-de-Ville, en exécution de l'Arrêt du Conseil, du 8 Novembre 1787.

Ce qui a été accepté & promis par . . l . . quel . . se soumet expressément aux conditions générales, homologuées par Arrêt du Conseil du . . . . desquelles Copie est ci-dessus, & consent qu'elles ayent leur plein & entier effet, comme si elles faisoient partie de la présente Police, & que les déchéances énoncées dans lesdites conditions, ayent lieu de plein droit le cas arrivant, sans qu'il soit besoin d'aucune formalité quelconque.

FAIT double, à Paris, le

Pour la Compagnie d'Assurance sur la Vie.

VU par Nous

Administrateur Gérant, autorisé par Délibération du 4 Avril 1788.

ENREGISTRÉE F°

N. B. Il y a des Déclarations & des Polices, appropriées aux divers cas d'Assurances sur la Vie, qui toutes renferment les mêmes clauses générales que celles ci-dessus, & ont reçu l'Approbation de Sa Majesté.

MODÉLE

MODELE D'UNE DÉCLARATION à faire par la Personne qui veut acquérir *sur sa propre tête*, une Annuité différée ou un Capital correspondant à ladite Annuité.

JE SOUSSIGNÉ . . . . . né le . . . . . du mois de . . . . . en l'année . . . . à . . . . Paroisse de . . . . en la Province de . . . . desire d'acquérir sur . . . . propre tête, une Rente annuelle & viagère de . . . . dont la première année, ou un Capital correspondant à la totalité de ladite Rente, a . . . . choix soit payé . . . au . . . du mois. . . . en l'année . . . . Et que . . . . intention est de payer la Prime due à la Compagnie d'Assurances, pour ladite Annuité différée, en . . . payement . . . Je certifie en outre que les Noms, Surnoms & autres Descriptions ci-dessus, sont conformes à la vérité, & . . . . appartiennent bien réellement . . . En foi de quoi j'ai signé. A . . . . le . . . du mois de . . . en l'année . . .

AVERTISSEMENT.

La Personne qui veut acquérir une annuité différée, doit remplir ou faire remplir tous les blancs de cette Déclaration, & la signer, y insérer exactement les noms & surnoms, le jour & le lieu de la naissance, le lieu de sa demeure actuelle, la quotité de la rente qu'elle desire acquérir, & si elle veut payer la prime en un *seul* payement ou en *plusieurs payements annuels*. Pour éviter toute erreur dans la Déclaration ci-dessus; l'Extrait baptistaire des Parties doit être consulté. — Si la Personne est une femme qui soit ou ait été mariée, il faudra mentionner le nom de son mari. — Si la Personne, qui veut acquérir, ne sait pas écrire, elle devra faire signer la Déclaration par une Personne connue du voisinage qui comparoîtra avec elle au Bureau de la Compagnie.

Lorsque toutes les circonstances & formalités de la Déclaration seront accomplies, on la rapportera au Bureau de la Compagnie pour passer l'Engagement.

MODELE D'UN ENGAGEMENT DE LA COMPAGNIE pour les Annuités différées, en conſequence de la Déclaration ci-deſſus.

NOUS ſouſſignés, ADMINISTRATEURS DE LA COMPAGNIE ROYALE D'ASSURANCE SUR LA VIE, créée par Arrêt du Conſeil, du 3 Novembre 1787, reconnoiſſons, qu'en conſéquence de la Déclaration qui nous a été faite par . . . . . dont copie eſt ci-deſſus, & dont l'Original reſte dans nos mains, nous avons aſſuré ſur *ſa tête* l'annuité différée, ou rente viagère ci-après énoncée, pour laquelle aſſurance nous reconnoiſſons qu'il nous a préſentement payé la ſomme de . . . . pour . . . prime de ladite annuité differée, au moyen duquel payement . . . acquiert par ces préſentes une rente viagère ſur *ſa tetê* de . . . . Laquelle nous promettons de lui payer annuellement, ou à ſes Ayans cauſe, ſur ſa préſentation, ou autre bonne preuve de ſon exiſtence ; le premier payement devant avoir lieu le . . . . du mois de . . . . en l'année . . . . ſi . . . . eſt alors vivant, & ainſi de ſuite d'année en année, juſqu'au jour de ſon décès. Sera libre . . . . d'opter entre ladite annuité viagère & la ſomme principale de . . . . qui lui ſera payée en un ſeul payement par ladite Compagnie, à l'époque ſuſdite du . . . . ſi alors il préfére cette ſomme principale à ladite annuité viagère. Mais ſi ſon décès ſurvient avant ladite époque du . . . . la préſente aſſurance ſera comme nulle & non avenue, & les primes que la Compagnie aura reçues lui ſeront acquiſes ſans reſtitution ni répétition.

Auquel payement nous obligeons & affectons tous les fonds & capitaux que la Compagnie pourra acquérir par l'exploitation de ſon entrepriſe, & par Privilége ſpécial, la ſomme de huit millions, par elle dépoſée à l'Hôtel-de-Ville, en exécution de l'Arrêt du Conſeil du 8 Novembre 1787.

Ce qui a été accepté & promis par . . . . l . . quel . . . ſe ſoumet expreſſément aux conditions générales, homologuées par Arrêt du Conſeil du . . . . deſquelles Copie eſt ci-deſſus, & conſent qu'elles ayent leur plein & entier effet, comme ſi elles faiſoient partie de la préſente Police, & que les déchéances énoncées dans leſdites conditions, ayent lieu de plein droit le cas arrivant, ſans qu'il ſoit beſoin d'aucune formalité quelconque.

FAIT double, à Paris, le

Pour la Compagnie d'Aſſurance ſur la Vie.

VU par Nous

Adminiſtrateur Gérant, autoriſé par Délibération du 4 Avril 1788.

ENREGISTRÉ F°

N. B. Il y a des Déclarations & des Engagements appropriés aux divers genres d'Annuités différées, qui tous renferment les mêmes clauſes générales que ceux ci-deſſus, & ont reçu l'Approbation de Sa Majeſté.

ARREST
DU CONSEIL D'ETAT DU ROI

Du 3 Novembre 1787;

QUI autorise à perpétuité l'Établissement des Assurances sur la Vie, *avec Privilége exclusif pendant quinze années.*

LE ROI, s'étant fait rendre compte de la nature & des principes de divers établissements fondés en Europe, sous le nom d'*Assurances sur la Vie*, a reconnu qu'ils renfermoient des avantages précieux; que, naturalisés en France, ils y seroient d'une grande utilité; qu'un nombre considérable d'individus de tout sexe, de tout âge y trouveroient la facilité de faire assurer sur leur vie, ou sur des termes de leur vie, des rentes ou des capitaux, soit pour eux-mêmes dans leur vieillesse, soit après eux, en faveur des survivants auxquels ils voudroient laisser des ressources ou des bienfaits, que ces sortes d'assurances modérées & équitablement arbitrées, affranchiroient de l'usure trop commune, la vente de toute espéce de capitaux & de rentes viagères, ou en étendroient la jouissance à des survivans; qu'enfin ces combinaisons variées, liant utilement le présent à l'avenir, ranimeroient ces sentiments d'affection & d'intérêt réciproques qui font le bonheur de la société & en augmentent la force. Ces considérations réunies ont convaincu Sa Majesté de l'utilité d'un établissement d'assurances sur la vie, & l'ont déterminée à ne pas le différer plus long-temps. Mais, plus les avantages en paroissent précieux, & plus il a paru important à Sa Majesté de les rendre solides. Sa Majesté auroit pu l'abandonner à la concurrence de diverses Compagnies qui se sont présentées; mais, dans les circonstances actuelles, elle auroit craint, en multipliant les Compagnies, d'ouvrir un nouveau cours à une industrie fausse & pernicieuse qu'il importe de réprimer : Sa Majesté a d'ailleurs été informée que la concurrence devint funeste à ces sortes d'établissements, dans les pays où ils y furent livrés, à leur origine : leur succès, en effet, ne peut être plus efficacement assuré que par la prompte réunion d'une multitude de chances; mais, quoique ces assurances doivent être calculées de manière à tirer leur solidité complète de la réunion des chances; elle a cru qu'il seroit utile de soumettre ceux qui seroient chargés de cet établissement à une finance considérable dans laquelle chacun des assurés ait un gage authentique des engagements pris avec lui. Sa Majesté n'a pas cru non plus devoir négliger l'utilité qu'elle pourroit retirer de cet établissement, dès-à-présent & dans l'avenir, pour ses finances. Enfin, pour concilier tous les intérêts avec les précautions qui peuvent établir la confiance, elle a jugé convenable de remettre à une administration publique & éclairée, comme celle de sa bonne ville de Paris, la surveillance de cet établissement, & de l'autoriser à céder, au nom de Sa Majesté, l'exercice de ce privilége à la Compagnie des assurances contre les incendies, établie par arrêt du six Novembre dernier, qui a déjà présenté sa soumission à ce sujet, & à laquelle seule Sa Majesté entend laisser pendant quinze années l'exercice dudit privilége. Cette surveillance, en conservant à l'intérêt particulier l'activité qui lui est nécessaire, ne laissera craindre aucune spéculation douteuse, hazardée ou repréhensible; & le zèle connu des Administrateurs de la Ville de Paris, pour tout ce qui intéresse le bien de l'Etat & le service de Sa Majesté, sera encore excité par la disposition où est Sa Majesté d'employer le profit résultant dudit établissement, à des dépenses particulières à la ville de Paris, & qui étoient ou auroient été supportées par le trésor royal. A quoi voulant pourvoir, vue ladite soumission, *signée* DE GESMES; vu le réquisitoire du Procureur du Roi & de la Ville, & la délibération du bureau, en date du vingt-cinq Octobre dernier : ouï le rapport du Sieur LAMBERT, Conseiller d'Etat, & Ordinaire au Conseil royal des finances & du commerce, Contrôleur-Général des finances; le Roi, étant en son Conseil, a ordonné & ordonne ce qui suit.

ARTICLE PREMIER.

LE ROI a autorisé & autorise les Prevôt des Marchands & Echevins de sa bonne ville de Paris à céder, au nom de Sa Majesté, à la Compagnie des assurances contre les incendies, établies à Paris, par Arrêt du six Novembre mil sept-cent quatre-vingt-six, l'exercice du privilége que Sa Majesté déclare domanial, d'ouvrir dans son Royaume, & dans tous les pays soumis à sa domination, des assurances sur la vie, conformément aux plans & aux tables qui seront publiés à ce sujet; le tout moyennant l'exécution des ordres & conditions contenues dans sa soumission du huit du mois dernier, au moyen desquels ladite Compagnie pourra exercer ledit privilége à perpétuité, & sans que, pendant l'espace des quinze premières années, commencées du jour du présent Arrêt, aucune autre Compagnie ou personne puisse obtenir, par concurrence, une semblable concession; se réservant, Sa Majesté, de multiplier, autant qu'elle le jugera à propos, de pareils établissement dans son Royaume, après lesdites quinze années révolues seulement; renonçant, Sa Majesté, au droit d'y rentrer, ou d'en faire aucune autre disposition pendant lesdites quinze années.

II.

LE Bureau de la Ville de Paris aura une inspection perpétuelle sur l'administration de cet établissement, & sur l'exécution de tous les engagemens qu'elle aura contractés avec le public, dont Sa Majesté n'entend, en aucune manière, restreindre la durée aux termes de quinze années, & qui demeureront, au contraire, dans toute leur force, jusqu'à parfait accomplissement d'iceux. En conséquence, Sa Majesté a nommé & nomme, pour son Commissaire spécial, le Procureur du Roi & de la Ville de Paris, à l'effet d'assister, tant aux assemblées générales qu'aux comités particuliers des Administrateurs, prendre communication des registres, des délibérations, faire tels référés qu'il jugera convenables pour le bien de la chose, tant aux Prevôt des Marchands & Echevins, qu'au Ministre & Secrétaire d'Etat au département de Paris, & toutes requisitions sur ce nécessaires.

III.

LADITE Compagnie d'assurances, en exécution d'une des clauses de sa soumission, effectuera dans les termes qu'elle a pris, le dépôt de huit millions pour les assurances sur la vie, qu'elle doit ajouter à celui de huit millions affectés à ses assurances contre les incendies.

IV.

LESDITS fonds de seize millions seront déposés à l'Hôtel-de-Ville de Paris, dans la caisse de la susdite Compagnie; desquels seize millions, quatre y resteront à perpétuité, en effets royaux, au choix de la Compagnie, & les douze autres en reconnoissances du trésor royal; l'intérêt desdites reconnoissances sera payé à ladite Compagnie, tous les six mois, à raison de cinq pour cent, sans retenue.

V.

SERONT, lesdits seize millions d'effets royaux, constamment

déposés dans une caisse de fer à l'Hôtel-de-Ville ; laquelle caisse sera fermée à trois clefs différentes ; l'une restera au Greffe de l'Hôtel-de-Ville de Paris, la seconde dans les mains du Caissier de la Compagnie, la troisiéme dans les mains de l'un des Administrateurs.

VI.

Les huit millions primitifs continueront d'être la caution des assurances contre les incendies, & les huit millions qui y seront ajoutés, seront le gage particulier des assurances sur la vie, & continueront de répondre de l'exécution desdites assurances sur la vie, jusqu'à parfait accomplissement des engagemens pris par ladite Compagnie.

VII.

Dans le cas où ladite Compagnie, conformément à ses engagemens, se verroit obligée d'avoir recours à ses dépôts pour des remboursemens relatifs aux deux espéces d'assurances, elle sera tenue de remplacer par voie d'appel ou autrement, & dans un mois pour tout délai, ce qui auroit été distrait desdits fonds. Voulant expressément, Sa Majesté, qu'ils soient toujours complets, & que la Compagnie en justifie pardevant le Commissaire nommé à cet effet.

VIII.

Sa Majesté autorise ladite Compagnie à lui présenter un Prospectus contenant les détails & les conditions de l'établissement des assurances sur la vie, les tables & les calculs des primes pour les cas généraux, les modéles des polices d'assurances & des engagemens respectifs des assureurs & des assurés, lequel Prospectus sera imprimé & distribué, après avoir été approuvé par Sa Majesté.

IX.

Sera pareillement tenue ladite Compagnie, de présenter à Sa Majesté les réglemens de ladite Compagnie pour son régime intérieur, la manière de procéder à la fixation des dividendes, & les autres objets de son administration, pour être lesdits réglemens approuvés par Sa Majesté, s'il y a lieu.

X.

En faveur de la cession faite par la ville de Paris, au nom de Sa Majesté, à ladite Compagnie, veut Sa Majesté, qu'annuellement & à dater du premier Janvier prochain, le quart net des bénéfices, déduction faite de l'intérêt des fonds & des frais de régie, soit remis au Trésorier général de la ville de Paris, pour être employé, conformément aux intentions de Sa Majesté, à des objets d'utilité publique, intéressant la ville de Paris, & dont la dépense est ou auroit été supportée par le trésor royal.

XI.

En faveur des Etrangers que Sa Majesté n'entend nullement exclure de participer aux avantages de cet établissement, Sa Majesté veut bien renoncer & renonce à tout droit d'aubaine, relativement auxdites assurances.

XII.

Permet Sa Majesté à ladite Compagnie de s'intituler, *Compagnie Royale d'Assurances* & d'avoir un sceau particulier, pour apposer à ses polices & ailleurs.

XIII.

XIII.

Sa Majeſté attribue aux Prevôt des Marchands & Echevins de ſa bonne Ville de Paris, la connoiſſance de toutes les conteſtations auxquelles les opérations de ladite Compagnie d'aſſurances, pourroient donner lieu, icelles interdiſant à toutes ſes Cours & Juges, ſauf l'appel au Conſeil; révoquant Sa Majeſté en tant que de beſoin, toutes diſpoſitions contraires à celles du préſent Arrêt. Fait au Conſeil d'Etat du Roi, Sa Majeſté y étant; tenu à Verſailles le trois Novembre mil ſept cent quatre-vingt-ſept. *Signé*, B^on DE BRETEUIL.

Vu l'Arrêt ci-deſſus, Nous Avocat & Procureur du Roi & de la Ville de Paris, avons requis & requérons qu'il ſoit enregiſtré au regiſtre des actes importans, déposés au greffe de l'Hôtel-de-Ville, pour être exécuté ſelon ſa forme & teneur, & y avoir recours au beſoin; requérons, en outre, que, conformément à l'article premier d'icelui, il ſoit inceſſamment procédé à la confection de l'acte de ceſſion, qui doit être faite par le Bureau de la Ville à ladite Compagnie, au nom de Sa Majeſté, de l'exercice du privilége que Sa Majeſté déclare *Domanial*; d'ouvrir dans ſon Royaume & dans tous les pays ſoumis à ſa domination, des *aſſurances ſur la vie*, conformément aux plans & aux tables qui ſeront publiés à cet effet, & à la ſoumiſſion du huit Octobre dernier, & ce, pour exercer ledit privilége à perpétuité, & ſans que, *pendant l'eſpace des quinze premières années*, commencées à la date du préſent Arrêt, aucune autre Compagnie, ni perſonne, puiſſe exercer ladite conceſſion par concurrence; requérons auſſi qu'il ſoit fait mention, dans ledit acte de ceſſion, des principaux articles du préſent Arrêt, notamment de ceux compris ſous les numéros, *deux*, *quatre*, *cinq*, *ſept*, *huit*, *neuf* & *dix*, ainſi que de l'Arrêté fait par le Bureau de la Ville, le vingt-cinq Octobre dernier, sur notre réquisitoire, du même jour. Fait à Paris, le quatre Décembre mil sept-cent quatre-vingt-sept.

Signé, ETHIS DE CORNY.

Au-dessous est écrit :

SOIT ledit Arrêt du Conseil regiſtré au Bureau de la Ville, pour être exécuté selon sa forme & teneur, aux charges y portées, & soit en conséquence ladite conceſſion faite conformément aux concluſions du Procureur du Roi & de la Ville. FAIT, audit Bureau, le quatre Décembre mil sept-cent quatre-vingt-sept.

Signé, VEYTARD.

ACTE DE CESSION

Du Bureau de la Ville, en faveur de la Compagnie Royale d'Assurance, du Privilège exclusif ci-dessus énoncé.

A TOUS CEUX QUI CES PRÉSENTES LETTRES VERRONT, LOUIS LE PELETIER, Chevalier, Marquis de Mont-Méliant, Seigneur de Morte Fontaine, Plailly, Beaupré, Othis & autres lieux, Grand Trésorier, Commandeur de l'Ordre du Saint-Esprit, Conseiller d'Etat, Prevôt des Marchands & les Echevins de la ville de Paris, Commiſſaire du Roi en cette partie Salut; savoir, faisons que, le Roi, convaincu des avantages qui ont résulté en faveur de divers Etats de l'Europe, des établiſſemens qui y ont été fondés sous le nom d'aſſurances sur la vie, & désirant qu'il en soit formé de semblables en France, afin de procurer à ses sujets, de tout sexe & de tout âge, la facilité de faire aſſurer sur leur vie, ou sur différens termes de leur vie, des rentes ou des capitaux, soit pour eux-mêmes, soit après eux, en faveur des survivans auxquels ils voudroient procurer des ressources, & tels autres avantages que le sentiment de bienfaisance pourroit leur inspirer; & Sa Majesté, par Arrêt de son Conseil, du trois Novembre dernier, registré en ce Bureau le quatre du mois de Décembre mil sept-cent quatre-vingt-sept, & rendu sur le vu des conclusions du Procureur du Roi & de la Ville, de notre délibération du vingt-cinq Octobre dernier, & de la Soumission en date du huit dudit mois d'Octobre, du sieur Jacques Gesmes, aux lieu & place du sieur la Barthe, ci-devant autorisé par Sa Majesté, pour former une Compagnie d'assurance contre les incendies; ayant jugé à propos de nous confier la surveillance & l'inspection d'un pareil établissement, & nous ayant chargés expressément de faire, au nom de Sa Majesté, la concession du nouveau privilége à ladite Compagnie des assurances contre les incendies, & ce conformément aux dispositions de l'Arrêt du Conseil, du trois Novembre dernier, & à l'énoncé de la Soumission dudit sieur Jacques Gesmes;

NOUS, pour l'exécution dudit Arrêt, & en vertu d'icelui, avons, sur le requisitoire du Procureur du Roi & de la Ville, concédé & concédons, par ces Présentes, pour & au nom de Sa Majesté, à la Compagnie des assurances contre les incendies, établie par Arrêt du six Décembre mil sept-cent quatre-vingt-six, représentée par ledit sieur Gesmes, à ce présent & acceptant l'exercice du privilége que Sa Majesté a déclaré domanial, d'ouvrir dans son Royaume & dans tous les pays soumis à sa domination, des assurances sur la vie, conformément aux Prospectus, conditions générales & explication des Tables mises à la suite; lesquels, après avoir été examinés par le Ministre du département de Paris, & par M. le Contrôleur Géneral des Finances, ont été approuvés par eux, pour Sa Majesté, ainsi qu'il en conste par la Lettre de M. le Baron de Breteüil, en date du vingt-six du présent mois de Janvier, jointe en original audit cahier, à l'effet d'être publiées, après nous avoir été communiqués, & d'iceux à nous référé par le Procureur du Roi, avec ses conclusions, le tout moyennant l'exécution des clauses & des conditions contenues dans la Soumission dudit sieur de Gesmes; laquelle, à cet effet, sera pareillement annexée à ladite minute des Présentes, pour, par ladite Compagnie, jouir dudit privilége à perpétuité, & avec une faveur exclusive, pendant l'espace des quinze premières années seulement, à commencer du trois Novembre dernier, date dudit Arrêt, en telle sorte que, pendant lesdites quinze années, aucune autre Compagnie ni personne, ne puisse obtenir ni s'approprier en concurrence le privilége d'une semblable concession; Sa Majesté déclarant formellement, par ledit Arrêt, qu'elle ne fera usage qu'à l'expiration de ce terme, & dans le cas seulement où elle jugera utile & nécessaire, du droit auquel elle renonce jusqu'à cette époque, de multiplier de pareils établissemens dans son Royaume.

La présente Cession faite aux avantages, charges, clauses & conditions *énoncées en l'Arrêt du Conseil, du trois Novembre mil sept-cent quatre-vingt-sept, &c. &c.*

Ledit sieur Jacques Gesmes, en la qualité qu'il agit, a, pour & au nom de ladite Compagne, accepté, promis pour elle de les exécuter en tout leur contenu, a fait, esdits noms, toutes soumissions requises, élu le domicile de ladite Compagnie, & a signé avec Nous, & le Procureur de ladite Ville.

FAIT & arrêté au Bureau de la Ville de Paris, le vingt-neuf Janvier mil sept-cent quatre-vingt-huit.

Signé, VEYTARD.

TABLE

DES Matières contenues dans le Prospectus.

Fin de la Table.

AVERTISSEMENT.

Les Lettres contenant les Propoſitions ou Demandes qu'on voudra faire, relativement aux divers objets de l'Etabliſſement de la Compagnie, devront être adreſſées, franches de port, à Monſieur *E. Claviere*, Adminiſtrateur-Gérant de la Compagnie Royale d'Aſſurance ſur la Vie, rue de Richelieu, n° 115.

Le Bureau ſera ouvert, pour recevoir les Déclarations ou Propoſitions, tous les jours non fériés, depuis dix heures du matin, juſqu'à deux heures après midi.

www.ingramcontent.com/pod-product-compliance
Ingram Content Group UK Ltd.
Pitfield, Milton Keynes, MK11 3LW, UK
UKHW021235230726
13926UKWH00003B/1452

9 782014 439878